AF355049

Del Interregno a las postrimerías del Compromiso de Caspe: actitudes nobiliarias en la Corona de Aragón

Joaquín Vázquez

Ilustración de cubierta: Acta notarial original de la elección del infante Fernando como rey de Aragón (Archivo Histórico Provincial de Zaragoza).

ISBN-13: 978-84-09-08466-1

CONTENIDO

Nosotros, Pedro de Çagarriga, arzobispo de Tarragona, Domingo Ram, obispo de Huesca, Bonifacio Ferrer, donado de la Cartuja, Guillermo de Valseca, doctor en leyes, fray Vicente Ferrer de la orden de Predicadores, maestro en sagrada teología, Berenguer de Bardají, señor del lugar de Zaidín, Francisco de Aranda, donado del monasterio de

Portaceli de la orden de la Cartuja, oriundo de la ciudad de Teruel, Bernardo de Gualbes, doctor en ambos derechos y Pedro Bertrán, doctor en decretos, los nueve diputados electos por los Parlamentos generales, según de nuestra elección y designación consta por pública escritura hecha en Alcañiz el día 14 de marzo del año de la Natividad del Señor mil cuatrocientos doce y en Tortosa el día 13 de dicho mes y año, y en el castillo de Caspe a 16 de mayo de ese mismo año, con plena y plenísima, general y generalísima autoridad, facultad y poderes para investigar, instruir, informar, conocer, reconocer y publicar a quién deben prestar el juramento de fidelidad los citados Parlamentos y al que los súbditos y vasallos de la Corona de Aragón deben tener y reconocer por justicia, según Dios y nuestras conciencias, como a su verdadero rey y señor. De tal modo, que aquel a quien nosotros los nueve de común acuerdo, o seis de nosotros siempre que entre los seis figure uno por cada terna, publiquemos y demás cosas llevemos a cabo en cumplimiento de los capítulos acordados entre dichos Parlamentos, se tenga por hecho justa, constante, válida y firmemente, según de dichos poderes y capítulos consta por escritura pública recibida en Alcañiz por Bartolomé Vicent, Pablo Nicolau y Ramón Batlle, notarios, el día quince de febrero del año citado.

Considerando asimismo que cada uno de nosotros prometió y juró solemne y públicamente que junto con los demás, y según los poderes recibidos, procedería en el asunto tan diligente como racionalmente fuera posible y proclamaría al verdadero rey y señor con arreglo a los dichos voto y juramento, todo lo cual consta ampliamente en escritura pública recibida en la villa de Caspe por los citados Pablo Nicolau, Ramón Batlle y Jaime Monfort, notarios, en los días diecisiete y veintidós de abril y dieciocho de mayo del año predicho.

Vistos por tanto el modo y forma de nuestra elección y los poderes que se nos han otorgado y los antedichos voto y juramento, y llevadas a cabo la investigación, instrucción, información, conocimiento y reconocimiento a que estábamos obligados, y dados y comunicados nuestros criterios por justicia según Dios y nuestras conciencias, y todo lo dicho examinado y considerado, teniendo sólo a Dios ante los ojos y a tenor de los poderes, voto y juramento predichos, decimos y publicamos que los mencionados Parlamentos y súbditos y vasallos de la Corona de Aragón deben y están obligados a prestar fidelidad al ilustrísimo y excelentísimo príncipe y señor don Fernando, infante de Castilla, y que deben y vienen obligados a reconocer al propio don Fernando como a su verdadero rey y señor.

De todo lo cual y para perpetua memoria del hecho, pedimos y requerimos a vosotros, los notarios infraescritos, que se hagan uno o varios documentos públicos. Fue hecho, leído y publicado en la sala del castillo de Caspe, día sábado 25 de junio, año de la natividad del Señor 1412.

Presentes los testigos honorables Francisco de Pau, caballero, Domingo Ram, licenciado en leyes, Domingo de Lanaja, Ramón Fivaller y Guillermo Zaera, castellanos y custodios del castillo de Caspe, a esto especialmente llamados y designados. Y nosotros, Bartolomé Vicent y Pablo Nicolás, Ramón Batlle y Francisco Fonolleda, Jacobo de Plano y Jacobo de Montfort, notarios y secretarios citados.

Del Interregno a las postrimerías del Compromiso de Caspe: actitudes nobiliarias en la Corona de Aragón

Estado de la cuestión

Un acontecimiento tan trascendente como el litigio a que dio lugar la inexistencia de heredero al trono de la Corona de Aragón tras la muerte de Martín el Humano, ha ocasionado que la historiografía, casi desde el mismo momento del hecho, lo tenga en el punto de mira, dando paso a un río de documentación sobre el asunto que no cesa aún en nuestros días. Desde visiones en conjunto hasta los estudios de detalle, abundan los autores que a lo largo del tiempo han tratado el tema. Cierto es que el papel que la nobleza representó en estos hechos no es único ni ha sido tratado de manera exclusiva, pero sí probablemente, por su condición, se trate del principal y esto se aprecia ya en los escritos de los cronistas más cercanos a los acontecimientos.

Fue Jerónimo Zurita, cronista oficial de la Corona de Aragón, quien ofreció en sus *Anales* una primera narración detallada de los hechos, escrita mediado el siglo XVI, para la que contó con documentación primaria hoy desaparecida. También un autor muy cercano en el tiempo como el humanista italiano Lorenzo Valla aborda la cuestión desde su proximidad al ámbito cultural aragonés en su obra áulica *Historia de Fernando de Aragón*. Crónicas catalanas de los siglos XV y XVI, concretamente las de Pere Tomich (*Historias e conquistas dels excellentíssims reys de Aragó e comtes de Barcelona*, 1436), Gabriel Turell (*Recort historial de algunas antiquitats de Catalunya, Espanya i Franza*, 1476) y Lucio Marineo Sículo (*Crónica de Aragón*, 1509)[1], dan una visión próxima pero más restringida de los hechos, y ya aparte de la historiografía catalano-aragonesa, no debe obviarse la versión del suceso recogida en la *Crónica de Juan II* y *Las Generaciones, semblanzas e obras de los excelentes reyes de España don Enrique III e don Juan el Segundo* (Biblioteca de Autores

---

[1] Sarasa Sánchez, Esteban. *El Compromiso de Caspe en su sexto centenario. Una revisión bibliográfica*, Índice Histórico Español 125/2012, pag. 202.

Españoles LXVIII, II, Madrid, 1953)[2]; pero ni que decir tiene sobre la cuestión, que las fuentes primarias conservadas, como son las actas de los diversos parlamentos celebrados durante el Interregno, los diarios del proceso de Caspe o el bulario de Benedicto XIII, documentación publicada de poco tiempo a esta parte por el Gobierno de Aragón y la Diputación de Zaragoza, permiten un acceso directo al momento histórico.

En casi todo lo escrito hasta el siglo XIX se vino manteniendo una visión positiva del acceso al trono del trastámara Fernando de Antequera, pero a partir de entonces da comienzo un proceso revisionista de los hechos por parte de los historiadores del Principado, como Jaime Villanueva (*Memorias cronológicas de los condes de Urgel*, 1814), Próspero de Bofarrull (*Proceso contra el conde de Urgel*, 1868), Andrés Giménez Soler (*Don Jaime de Aragón, último conde de Urgel*, 1899) o Antoni Rovira y Virgili (*Història Nacional del Catalunya*, 1928), que reivindican activamente la figura del gran perjudicado en la disputa, el Conde de Urgel. Autores ya mucho más enraizados en el catalanismo abandonan el nacionalismo cultural para posicionarse en el nacionalismo

---

[2] Sarasa Sánchez, Esteban. *Op. cit.*, pag. 198.

político, aportando visiones radicales sobre la cuestión sucesoria con títulos muy influyentes en la historiografía del principado, como los de Domènech i Montaner (*La iniquitat de Casp y la fi del Comtat d'Urgell,* 1930), o la obra en varios volúmenes de Valls-Taberner y Ferran Soldevilla (*Història de Catalunya,* 1930)[3]. En oposición a estos surgieron voces contrarias, reivindicando en positivo el acceso de un Trastámara a la corona aragonesa, encabezadas por Ramón Menéndez Pidal, al frente de la obra colectiva *Historia de España* (1964), desde la que mantiene el ideal de españolidad de todos los territorios antaño bajo el dominio godo. En medio de esta polémica, un notable historiador como Vicens Vives, partícipe del tomo XV de la *Historia de España* de Menéndez Pidal, se muestra más ecuánime en su aportación al apartado dedicado a *Los Trastámara y Cataluña,* distinguiendo entre "historiadores románticos", "nacionalistas catalanes" y "quienes daban una solución 'metafísica' a la cuestión"[4]. Sería prolijo mencionar a todos y cada uno de los autores que han tocado el tema, pero, ya contemporáneos, no se puede dejar de mencionar a los profesores Esteban Sarasa Sánchez y José Ángel Sesma

---

[3] Sarasa Sánchez, Esteban. *Op. cit.*, pag. 205.
[4] Sarasa Sánchez, Esteban. *Op. cit.*, pag. 207.

Muñoz, autores respectivamente de obras de referencia como *Aragón y el Compromiso de Caspe* (1981) y *El Interregno (1410-1412). Concordia y compromiso político en la Corona de Aragón* (2011), así como de multitud de otros estudios al respecto.

Recientemente y con motivo del sexto centenario del Compromiso de Caspe (1412-2012) se han editado por parte del Gobierno de Aragón las actas del XIX Congreso de Historia de la Corona de Aragón, dedicado casi en exclusiva a este hecho histórico, que incluyen una abundante serie de ponencias suscritas por múltiples investigadores en las que se ofrece gran cantidad de información sobre aspectos particulares de la cuestión.

I- Introducción

Hablar de nobleza en la Corona de Aragón requiere hablar en plural y por eso se hace necesario traer a colación su multiplicidad. Las noblezas de la Corona de Aragón, aunque insertas en el Occidente medieval cristiano, presentan unos rasgos particulares y una diversidad que no se encuentran en ese mismo estamento del resto de los reinos peninsulares. Esta singularidad es hija de la conformación confederal de la Corona, integrada por cuatro entidades territoriales. Las dos más antiguas, el reino de Aragón y el principado de Cataluña, mantenían unas noblezas de gran arraigo con características bastante diferenciadas, que además de implicarse en el mantenimiento e incremento de sus prerrogativas a nivel local, se aplicaban igualmente en la obtención de la preeminencia de sus respectivos territorios en el conjunto de la Corona, persiguiendo los beneficios que ello les acarreaba[5]. Los otros dos reinos, Valencia y Mallorca, surgidos de la reconquista, no contaban con una nobleza

---

[5] Rubio Vela, Agustín. "Después de Caspe. El urgelismo y las oligarquías", en *La Corona de Aragón en el centro de su historia (1410-1412). El Interregno y el Compromiso de Caspe*. Sesma Muñoz, José Ángel (Coord). Gobierno de Aragón, Departamento de Educación, Universidad, Cultura y Deporte. Colección Actas 75. Zaragoza, 2011, pag. 276.

autóctona, sino la heredada de Aragón y Cataluña, implantada sobre nuevos territorios y a la que el monarca desde un primer momento intentó controlar otorgándole propiedades de extensión reducida y diseminadas, con la intención de dificultar la creación de grandes dominios señoriales[6].

En la Corona de Aragón cada reino tenía sus propias instituciones y el rey no ejercía la misma potestad en cada uno de ellos. Era una monarquía específica, compuesta por territorios de diferente personalidad y caracterizada por las limitaciones a que se enfrentaba el soberano en su lucha con los estamentos, especialmente la nobleza. Se asentaba por tanto sobre una base frágil, siendo así que el título de rey era puramente personal, cuya figura era compartida por los distintos territorios[7]. No obstante, también era el propio rey quien aportaba estabilidad, garantía de unidad e indivisibilidad de la Corona[8], sujeto, eso sí, a principios

---

[6] Aparisi Romero, F; Royo Pérez, V. *Pequeña nobleza y guerra en el Reino de Valencia durante la Baja Edad Media. Actitudes y comportamientos en el servicio militar.* Revista Medievalismo, nº 20, 2010, pag. 152.

[7] López Rodríguez, Carlos. "Monarquía, Iglesia y Nobleza en la Corona de Aragón o la gestión de la complejidad". en *La Corona de Aragón en el centro de su historia (1208-1458). La Monarquía aragonesa y los reinos de la Corona.* Gobierno de Aragón, Departamento de Educación, Universidad, Cultura y Deporte. Colección Actas 74. Zaragoza, 2009, pag. 20.

[8] López Rodríguez, Carlos. *Op. cit.,* pag 20.

pactistas de muy compleja gestión, que venían a incrementar considerablemente los problemas a los que debía enfrentarse el monarca aragonés, pues desde el siglo XIII cada territorio contaba con una personalidad jurídica diferenciada del resto, sancionada en los respectivos fueros (Aragón, 1247; Valencia, 1250; Usatges de Barcelona, 1251; Mallorca, 1261).

Uno de estos eventuales problemas fue el sucesorio, y tal vez el más significativo a lo largo de toda la historia de la Corona fue el que dio comienzo a la muerte del rey Martín I el Humano, el 31 de mayo de 1410. Su fallecimiento significó la apertura del Interregno, un período de inestabilidad provocado por la ausencia de descendencia directa del monarca, complicado además por la situación de crisis económica de comienzos del siglo XV, heredada de la centuria anterior[9]. Sin embargo, los dilemas sucesorios no eran algo nuevo para la monarquía aragonesa. Sirvan pues los ejemplos de Alfonso I el Batallador, a cuya muerte en 1134, también sin descendencia, se abrió un periodo de inseguridad hasta que su hermano Ramiro el Monje decidió dar continuidad a la dinastía aceptando la corona y

---

[9] Santamaría Arández, Alvaro. *Historia de una marginación. La participación del Reino de Mallorca en el Interregno de la Corona de Aragón*. Institut d´Estudis Baleàrics. Palma de Mallorca, 2003, pag. 9.

engendrando un heredero. Y más reciente, el de Juan I, fallecido en mayo de 1395 sin descendientes capacitados para heredar el trono. Pero ahora el contexto de la Corona de Aragón era otro. Se había consolidado como una potencia en el ámbito Mediterráneo, convertido en un ambicioso objetivo militar y político para la expansión comercial de las oligarquías catalanas; una empresa de elevado coste que fue causa de desavenencias con las aragonesas, que no veían con buenos ojos la hegemonía de las primeras en la aventura mediterránea[10].

Además, por entonces la Corona se hallaba inmersa en disputas nobiliarias, a menudo violentas, en luchas de poder entre las parcialidades de sus grandes urbes y aquejada por un persistente y endémico bandolerismo[11]. Esta situación invitaba a dar solución cuanto antes al problema de la sucesión, encontrando a la persona que con mayor derecho ocupase el trono, de manera que se garantizara así la continuidad de la monarquía compuesta.

---

[10] Hinojosa Montalvo, José. "La expansión mediterránea de la Corona de Aragón" en *Historia de España de la Edad Media*. Álvarez Palenzuela, Vicente Ángel (Coord). Editorial Ariel, Barcelona, 2011, pags. 574, 598.
[11] Iniesta Pastor, Emilia. "Pervivencia y ruptura en la legislación penal de la Cortes valencianas de Martín I", en *El Compromiso de Caspe (1412), cambios dinásticos y Constitucionalismo en la Corona de Aragón*, Falcón Pérez, Isabel (Coord). Edita: Obra Social de Ibercaja. Zaragoza, 2013, pag. 377.

II.- Antecedentes

1.- La Corona de Aragón a caballo de los siglos XIV y XV

Asegura el cronista Jerónimo Zurita en sus *Anales de la Corona de Aragón*, en referencia al periodo contemporáneo a la muerte de Martín el Humano, que "El estado de los reinos y provincias de la cristiandad al tiempo de la muerte del rey don Martín de Aragón, fue por la mayor parte sangriento y lleno de turbaciones y fundado en movimientos y guerras, con abatimiento y estrago en todos los sucesos y con caída y disminución de los estados y tiempos"[12]. Ciertamente, el Occidente mediterráneo se encontraba a comienzos del siglo XV envuelto en una crisis arrastrada desde el segundo cuarto de la centuria anterior, caracterizada por el descenso de la población, el retroceso de la actividad mercantil, la inseguridad generada por los bandos nobiliarios y el

---

[12] Jerónimo Zurita. *Anales de Aragón*, Versión electrónica. Libro XI, capítulo I, pag. 1. Zurita escribió con posterioridad a los hechos, publicando su obra entre 1562 y 1580.

conflicto religioso provocado por el Cisma de Occidente[13].

La incidencia de la crisis fue notoria en la Corona de Aragón, si bien afectó en diferente medida a sus territorios. Aragón y Valencia la soportaron aceptablemente dado que sus economías eran principalmente de base agropecuaria, mientras que en Cataluña y Mallorca repercutió en superior medida por su mayor dependencia de sectores más sensibles ante situaciones de crisis como los servicios y el tráfico mercantil[14]. Otro factor no menos significativo que propició el desequilibrio económico en la Corona fue la nefasta política de derroche practicada por Pedro el Ceremonioso (1336-1387), dirigida únicamente a satisfacer sus ansias de gloria, implicándose en multitud de empresas de prestigio[15], y que sus sucesores, Juan I (1387-1396) y Martín I (1396-1410), no supieron atajar, continuando en sus reinados con el desorden financiero.

La nobleza en el Reino de Aragón

A la muerte de Martín I las cabezas visibles de las elites

---

[13] Santamaría Arández, Alvaro. *Op. cit.*, pag 9.
[14] Santamaría Arández, Alvaro. *Op. cit.*, pag 10.
[15] Santamaría Arández, Alvaro. *Ibídem.*

nobiliarias de Aragón pertenecían a unos pocos linajes destacados, dos de los cuales descendían de Jaime II: los condes de Urgel y Ribagorza. El resto tienen su origen en el siglo XII y muy desdibujados llegan hasta el XV. Son los Jiménez de Urrea, los Martínez de Luna, los Fernández de Híjar, los Alagón, los Cornel, los Ladrón de Vidaurre, los Luna y los Galcerán de Pinós[16].

Sus señoríos proporcionaban beneficios más o menos estables, pero el montante económico suministrado no era suficiente para el mantenimiento de ese estatus social, por lo que la mayor parte de estos magnates mantenían una relativa dependencia de las donaciones que periódicamente recibían del monarca. Esto les imponía una relativa adhesión; no obstante, en un ámbito feudal de clientelas y vasallajes, los grandes señores conservaban una notoria capacidad para reclutar gentes de armas y en ello basaban su potencial e importancia[17].

---

[16] Sesma Muñoz, J. A., Laliena Corbera, C. "Las elites políticas de Aragón durante el Interregno y el Compromiso de Caspe", en *La Corona de Aragón en el centro de su historia (1410-1412). El Interregno y el Compromiso de Caspe.* Sesma Muñoz, José Ángel (Coord). Gobierno de Aragón, Departamento de Educación, Universidad, Cultura y Deporte. Colección Actas 75. Zaragoza, 2011, pag 168.

[17] Sesma Muñoz, J. A., Laliena Corbera, C. *Op. cit.*, pag 169.

Pero en Aragón el estamento nobiliario no era un conjunto uniforme y dentro de él convivían individuos y linajes que tenían posiciones de clase muy heterogéneas. De acuerdo a la tradición recogida en los fueros, los altos oficiales del reino eran cargos que se reservaban para los caballeros, con la idea de nivelar el ejercicio del poder entre esta nobleza media y el rey y los grandes señores[18]. Por ello, el Justicia de Aragón, Juan Jiménez Cerdán, los gobernadores, Gil Ruiz de Lihori padre e hijo, el Baile general, Ramón de Mur, el regente de la Cancillería, el escudero y experto en derecho, Berenguer de Bardají, y el capitán de la milicia de Zaragoza, Blasco Fernández de Heredia, todos de la época, pertenecen a linajes de segundo rango, linajes que se podrían tildar de "servicio", carentes de la notoriedad de los principales magnates. Igualmente ocurría en la Iglesia, cuya más alta jerarquía se hallaba copada por una serie de individuos procedentes de la nobleza media. El ejemplo más significativo es el del arzobispo de Zaragoza, García Fernández de Heredia, uno de los personajes más destacados en los últimos años de Martín I y al inicio del

---

[18] Sesma Muñoz, J. A., Laliena Corbera, C. *Op. cit.*, pag 170.

Interregno[19].

Con este juego de equilibrios los monarcas aragoneses consiguieron evitar que la alta nobleza concentrara todos los resortes del poder, entregando la gestión política y religiosa del reino a la rama media, dependiente económicamente de donaciones agraciables y cuya autoridad emanaba del servicio prestado en la administración[20].

La nobleza en el Reino de Valencia

El reino de Valencia se forja en la primera mitad del siglo XIII como resultado de la guerra contra el mundo musulmán en el marco de la conquista territorial de tipo feudal que los monarcas de la Corona de Aragón llevan a cabo hacia el Levante peninsular desde la centuria anterior. Por tanto, como ya se ha hecho mención, Valencia carecía de nobleza autóctona tras la conquista, heredando esencialmente la proveniente de Aragón y Cataluña a través del otorgamiento real de privilegios jurisdiccionales. Los diferentes horizontes en el ejercicio de esas jurisdicciones, la dimensión de sus señoríos, y el nivel de proximidad respecto al monarca,

[19] Este linaje descendía de una rama bastarda del rey Jaime I.
[20] Sesma Muñoz, J. A., Laliena Corbera, C. *Op. cit.*, pag 171.

marcaron los grados de poder de esta nueva nobleza[21]; si bien, a consecuencia de su "juventud", estos notables no mantuvieron un nivel de interacción con la monarquía similar al aragonés o catalán.

Las cotas de poder alcanzadas por cada una de estas categorías nobiliarias se encontraron pronto bien delimitadas, pero desde principios del siglo XV las capas inferiores de la nobleza valenciana inician un proceso de declive que se prolonga durante toda la centuria y que pone a muchos linajes ante la tesitura de la desaparición o la adscripción a alguna de las clientelas de los grandes nobles. Y es que sufrieron vivamente el ataque contra sus prerrogativas, tanto desde el círculo de grandes nobles próximos a la corona, de cuyo afán acaparador son objeto, como desde las elites urbanas, pues en las principales ciudades pronto prosperó la burguesía mercantil, especialmente a partir de la segunda mitad del siglo XIV[22]. En esta pugna por subsistir, al inicio del Interregno las perturbaciones que se producen en el reino de Valencia constituyen un serio problema de orden público.

---

[21] Aparisi Romero, F; Royo Pérez, V. *Op. cit.*, pag. 154.
[22] Aparisi Romero, F; Royo Pérez, V. *Ibídem.*

Los principales linajes locales, aglutinados en sus respectivas banderías, enquistaron la lucha política por el control del reino y especialmente por la ciudad de Valencia. Esto era algo que venía de antiguo e intrínseco a la noción del honor y prestigio social mantenida por la nobleza, y por eso una nobleza "nueva" como la valenciana, trató de hacer valer el de su respectivo linaje por encima de cualquier otro, conformando un escenario muy propicio para el uso de la violencia[23]. Para mayor fatalidad, en el momento de la decantación de las dos principales facciones antagónicas a favor o en contra de alguno de los aspirantes al trono vacante, se desató una auténtica guerra civil de funestas consecuencias para el reino.

Nobleza y elites urbanas en el Principado de Cataluña

El estamento noble del Principado también topó con el antagonismo de las poderosas elites urbanas, muy

---

[23] Narbona Vizcaíno, Rafael. "Las elites políticas valencianas en el Interregno y el Compromiso de Caspe", en *La Corona de Aragón en el centro de su historia (1410-1412). El Interregno y el Compromiso de Caspe*. Sesma Muñoz, José Ángel (Coord). Gobierno de Aragón, Departamento de Educación, Universidad, Cultura y Deporte. Colección Actas 75. Zaragoza, 2011, pag. 205.

consolidadas ya en el siglo XIV[24]. Hay que tener en cuenta que la nobleza catalana era una minoría eminentemente ruralizada[25], arraigada a la tierra y, aun cuando algunos de sus integrantes gustaban de residir en las ciudades, los linajes nobiliarios tenían poco apego a las grandes urbes; además, se hallaban repartidos de manera muy desigual, con tendencia a converger principalmente en la mitad septentrional del Principado, donde se establecían los principales señoríos territoriales[26].

Por su casi exclusiva subordinación al campo sufrieron de lleno la crisis económica del siglo XIV. La nobleza se resintió especialmente ante la incidencia de la peste y las hambrunas, sus tierras quedaron yermas porque los campesinos vinculados a éstas murieron o las abandonaron huyendo de la enfermedad, y, por consiguiente, este estamento hubo de afrontar una significativa disminución de las rentas

---

[24] Verdés Pijuan, Pere. "Las elites urbanas de Cataluña en el umbral del s. XV: entre el discurso político y el mito historiográfico", en *La Corona de Aragón en el centro de su historia (1410-1412). El Interregno y el Compromiso de Caspe*. Sesma Muñoz, José Ángel (Coord). Gobierno de Aragón, Departamento de Educación, Universidad, Cultura y Deporte. Colección Actas 75. Zaragoza, 2011, pag. 156.

[25] Gerbet, Marie Claude. *Las noblezas españolas en la Edad Media. Siglos XI-XV*. Alianza Editorial, Madrid, 1997, pag. 234.

[26] Gerbet, Marie Claude. *Op. cit.*, pag 236.

derivadas de la explotación de la tierra[27]. En definitiva, fue objeto de un progresivo proceso de debilitamiento a la vez que las ciudades aumentan su influencia y por ello la pujanza de las oligarquías urbanas contribuyó a acrecentar la delicada situación política de la Cataluña de principios del siglo XV, que gana en complejidad si cabe.

Además, el estamento nobiliario catalán se hallaba dividido. La principal escenificación de esta separación se había producido durante la celebración de la conflictiva asamblea que las Cortes del Principado todavía tenían abierta en 1410, iniciada cinco años antes, en 1405, y suspendidas al inicio del Interregno, tras el fallecimiento de Martín I. Fue en el transcurso de este parlamento cuando se conformaron dos bandos de la nobleza con posturas enfrentadas[28], especialmente por cuestiones relativas a la constitución de un cuarto brazo (el de los caballeros) y a la intervención en Cerdeña[29]. Uno de ellos estaba integrado por los partidarios del conde de Urgel, quien después pasaría a convertirse en pretendiente al trono, con respaldo mayoritario de la baja

---

[27] Gerbet, Marie Claude. *Op. cit.*, pag 233.
[28] Sesma Muñoz, José Ángel. "La fractura en la sociedad política catalana en vísperas del Compromiso de Caspe", en *Anuario de Estudios Medievales*, nº 29, 1999, pag. 1046.
[29] Sesma Muñoz, José Ángel. *Op. cit.*, pags. 1052-1058.

nobleza y del clero y algo menor de la aristocracia, y el otro, enfrentado a los intereses del conde, contaba con representación de una parte de la gran nobleza, así como del poderoso patriciado y la burguesía de la Ciudad Condal, cuya cabeza visible era el síndico Bernardo de Gualbes[30], posteriormente compromisario en Caspe. Será sobre este bando en el que recaerá la acusación de la historiografía catalana de maniobrar en contra de Jaime de Urgel, en calidad de continuador de la Casa de Barcelona y, en consecuencia, de promover la llegada de una dinastía foránea a la Corona de Aragón[31].

2- Juan I y Martín I o el retraimiento de la autoridad real

Juan I sucedió a su padre Pedro IV en 1387, con la herencia de unos reinos esquilmados a consecuencia de una política

---

[30] García Cárcel, Ricardo. "La memoria del Compromiso de Caspe", en *El Compromiso de Caspe (1412), cambios dinásticos y Constitucionalismo en la Corona de Aragón*, Falcón Pérez, Isabel (Coord). Edita: Obra Social de Ibercaja. Zaragoza, 2013, pag. 90. Bernardo de Gualbes es catalogado como "traidor" por Ferran Soldevilla en su *Història de Catalunya* (1934), que lo asocia al interés que para la burguesía catalana representaban las ferias castellanas por sus exportaciones laneras.
[31] Verdés Pijuan, Pere. *Op. cit.*, pag. 154.

dirigida a la búsqueda de prestigio sin escatimar costes. No obstante, Juan I, lejos de poner coto a estos derroches, continuó con el desarreglo económico, a lo que se sumó ahora el administrativo causado por la implantación de una corte aparatosa, acondicionada al modelo francés por su esposa Violante de Bar, una mujer culta e intrigante. Los monarcas se embarcaron en una carrera de boato y ostentación en un ambiente áulico de cultura humanista, que por sus excesos dio lugar a la exacción del patrimonio real[32]. La desidia por parte del rey en los asuntos de gobierno, junto con la corrupción de sus consejeros, propició la malversación de la hacienda regia hasta tal punto que el monarca se vio en la obligación de deshacerse de varios castillos de realengo para paliar, en la medida de lo posible, la ruina de su monarquía[33]. Asimismo, el rey hubo de apremiar con continuas solicitudes de financiación a las Cortes de Aragón, a lo que éstas terminaron por negarse, alegando que los estipendios solicitados lo eran para la

---

[32] Ledesma Rubio, M.L. *El patrimonio real en Aragón a fines del siglo XIV: Los dominios y las rentas de Violante de Bar.* Universidad de Zaragoza: Departamento de Historia Medieval, Ciencias y Técnicas Historiográficas y Estudios Árabes e Islámicos, 1979, pag. 163.
[33] Jerónimo Zurita. *Anales de Aragón,* Versión electrónica. Libro X, capítulo XLIII, pag. 362.

celebración de espectáculos y fiestas cortesanas[34]. Por consiguiente, el reinado de Juan I presenta un resultado final económicamente nefasto, plagado de enajenaciones y cesiones de patrimonio público, además de una ingente acumulación de deudas a consecuencia del continuo recurso a préstamos abusivos, necesarios para hacer frente a los gastos de ostentación. Finalmente, la pasión por la caza de la que hacía gala el monarca fue la causa de su muerte accidental en 1396. Falleció sin dejar descendientes varones, por lo que el trono fue a parar a manos de su hermano Martín, no sin que Violante, su viuda, se enfrascara en una campaña de intrigas y maquinaciones para que esto no se produjera[35].

Fruto de las aciagas políticas precedentes, Martín I heredó una precaria situación en sus reinos peninsulares. Fue también un monarca retraído y débil, que intentó un cambio de orientación en la política seguida por su antecesor, dirigida ahora a conseguir la confianza de las oligarquías urbanas, molestas con la actitud de Juan I, quien se había decantado por un manifiesto apoyo al estamento

---

[34] Jerónimo Zurita. *Anales de Aragón*, Versión electrónica. Libro X, capítulo XLIII, pags. 363-364.
[35] Jerónimo Zurita. *Anales de Aragón*, Versión electrónica. Libro X, capítulo LVII, pag. 398. Llegó al extremo de fingir un embarazo.

nobiliario[36]. Sin embargo, no consiguió poner orden en sus reinos porque todas las élites se encontraban enfrascadas en pugnas partidistas que el monarca, sobrepasado por los acontecimientos, no supo atajar[37].

En su biografía siempre se ha destacado el carácter benévolo de este rey y por ello se le conoce como "el Humano"; pero frente a esta cualidad, en la balanza de su reinado pesan más las nefastas consecuencias de su actitud. Durante su gobierno hizo gala de una escasa voluntad y condición pusilánime, y por ello los enfrentamientos mantenidos entre las diversas banderías se acentuaron, enquistando los problemas internos que ya sufrían los territorios peninsulares de la Corona[38].

Martín I mantuvo hasta el final esta debilidad de carácter, concretada finalmente en su ambigüedad ante el espinoso conflicto sucesorio, una herida abierta dejada como legado. El rey había enviudado en 1406 de María de Luna, su

---

[36] Cantera Montenegro, Enrique. "El Compromiso de Caspe", en *Historia de España de la Edad Media*. Álvarez Palenzuela, Vicente Ángel (Coord). Editorial Ariel, Barcelona, 2011, pag. 707
[37] Cantera Montenegro, Enrique. *Ibídem*.
[38] Sarasa Sánchez, Esteban. "El Compromiso de Caspe. El hecho histórico", en *El Compromiso de Caspe (1412), cambios dinásticos y Constitucionalismo en la Corona de Aragón*, Falcón Pérez, Isabel (Coord). Edita: Obra Social de Ibercaja. Zaragoza, 2013, pag. 117

primera esposa, por lo que sus consejeros le instaron a contraer matrimonio nuevamente con la idea de asegurar la descendencia[39] y lo llevó a cabo con prontitud, pero no consiguió el objetivo de procrear. Pocos meses después, el 31 de mayo de 1410, el monarca murió abrumado ante el dilema de la ausencia de un sucesor, inaugurando un tiempo de conflicto para sus reinos.

---

[39] Cantera Montenegro, Enrique. *Op. cit.*, pag 708.

III.- El final de la Casa de Barcelona

1.- La delicada situación política a la muerte de Martín I

La muerte de Martín el Humano significó la desaparición de la vieja dinastía fundada por Wifredo el Velloso, considerado el unificador de los condados catalanes hacia el año 870 y cuya estirpe emparentó con la casa real aragonesa a través del matrimonio del conde Ramón Berenguer IV de Barcelona con la heredera Petronila, hija del rey Ramiro II el Monje. Tras la renuncia de Ramiro al gobierno y su vuelta al retiro monacal, Ramón Berenguer IV ejerció el poder en el reino de Aragón como *princeps*, hasta que en 1162 su hijo Alfonso II se convertirá en el primer monarca de la Corona de Aragón.

Pero el ocaso de la dinastía había dado comienzo un año antes, el 25 de julio de 1409, cuando también perece en Sicilia enfermo de malaria Martín el Joven, hijo y heredero de Martín I. Destinado a suceder a su padre al frente de toda la Corona de Aragón, Martín el Joven murió de forma rápida e inesperada, igualmente sin dejar un varón legítimo pese a haber tomado esposa en dos ocasiones, en primer lugar con María de Sicilia (1390), su prima y nieta de Pedro IV, y en segundas nupcias con Blanca de Navarra (1402)[40]. Por desgracia los dos hijos que tuvo con ellas fallecieron tempranamente[41]; no obstante, sí llegó a engendrar otros dos niños bastardos, de nombre Violante y Fadrique. Fatalmente, de cara a la estabilidad de los territorios, la muerte del heredero acarreó un mayor enervamiento de las tensiones que de tiempo atrás se venían manifestando, pues su desaparición suponía la ruptura del relativo consenso que el mantenimiento de la vía sucesoria legítima conservaba entre los bandos enfrentados[42]. Se complicó un escenario político en el que la pugna por la transmisión de la corona planteará muy pronto graves disputas, recrudeciendo anteriores

---

[40] Abella, Juan; Lafuente, Mario; De la Torre, Sandra. "De Martín I a Fernando I: itinerario de un compromiso (1410-1412)", en *La Corona de Aragón en el centro de su historia (1410-1412). El Interregno y el Compromiso de Caspe*. Sesma Muñoz, José Ángel (Coord). Gobierno de Aragón, Departamento de Educación, Universidad, Cultura y Deporte. Colección Actas 75. Zaragoza, 2011, pag. 62.

[41] Con María de Sicilia tuvo un niño llamado Pedro, mientras que con Blanca de Navarra engendró a otro de nombre Martín.

[42] Lafuente Gómez, Mario; Abella Samitier, Juan. "La baja nobleza aragonesa después del Compromiso de Caspe: Movilidad social y estrategias políticas (1412-1436)", en *El Compromiso de Caspe (1412), cambios dinásticos y Constitucionalismo en la Corona de Aragón*, Falcón Pérez, Isabel (Coord). Edita: Obra Social de Ibercaja. Zaragoza, 2013, pag. 435

luchas y ambiciones, y que la entrada en escena de los diversos aspirantes a la sucesión no hará más que acrecentar, pues estos, en su búsqueda de sostén favorecerán a sus valedores, siempre pertenecientes a alguna de las partes, lo que significaba una afrenta para los linajes opuestos.

La confusa situación hizo que Martín el Humano se viera en la exigencia de buscar cuanto antes un sucesor a la Corona. Así, el 17 de septiembre de 1409, apenas transcurridos dos meses desde la muerte de su hijo, el rey de Aragón se casó con Margarita de Prades, una dama de su corte, con la única intención de engendrar un hijo varón que pudiese heredar el trono. El intento resultó un fiasco y el paso del tiempo terminó por hacerle comprender que ésta era una empresa imposible, de manera que la designación de un sucesor se convirtió en un problema de gran complejidad, en cuanto al grado de legitimidad y por las posibles consecuencias que esta decisión acarreara[43].

Entonces Martín I sopesó la idea de convertir a Fadrique, hijo natural de Martín el Joven, en heredero, dado que sentía cierto apego hacia él, pero su origen bastardo dificultaba su nombramiento. Pese a ello, el monarca concertó con

---

[43] Cantera Montenegro, Enrique. *Op. cit.*, pag 708.

Benedicto XIII, el Papa Luna[44], la legitimación del niño el 1 de junio de 1410, con la idea de que, en principio, pudiese hacerse con el título de rey de Sicilia; sin embargo, la rápida e inesperada enfermedad de Martín I impidió que el acto se llevase a término en vida del monarca. A pesar de ello, el 20 de agosto el Papa Luna legitimó a Fadrique cumpliendo la voluntad real y, aunque esto propició que se impulsara su candidatura a la Corona de Aragón, contó con escasos apoyos en su carrera para la obtención del trono, probablemente debido a su corta edad[45].

Este era el escenario de partida para todos los implicados en la sucesión, tanto para los candidatos al trono, como para quienes se comprometieron respaldándolos, alguno de ellos sin las ideas demasiado claras de partida. Pero, evidentemente, los actores principales fueron quienes poseían condición nobiliaria, poder armado y medios económicos, a la cabeza de sus respectivas clientelas y alianzas, y también aquellos que ostentaban atribuciones institucionales y la autoridad en el ámbito religioso, en su gran mayoría miembros de la nobleza media. Debieron hacer

---

[44] En 1409 el Concilio de Pisa depuso a Benedicto XIII, tras lo cual el Papa Luna busco refugio en la Corona de Aragón al amparo de Martín I, uno de los monarcas que aún le prestaban obediencia.
[45] Abella, Juan; Lafuente, Mario; De la Torre, Sandra. *Op. cit.*, pag. 65.

frente a una situación política compleja, arrastrando relaciones de parentesco y alianza muy poderosas, pues todos los que integraban las oligarquías se hallaban enmarañados en redes de afinidad o clientela cruzadas.

2- Divisiones internas en los diferentes territorios de la Corona

Los bandos en conflicto en Aragón

En Aragón, como en los otros territorios de la Corona, se conformaron facciones políticas con la intención de intervenir en una situación que evolucionaba con rapidez ante el previsible y cercano fallecimiento del rey. Aquí los apoyos al conde de Urgel se daban desde el bando de Antón de Luna, en el que militaban familias como los Moncada, señores de Mequinenza, los Alagón, los Híjar y alguna otra rama de los Luna[46]. Pugnaban contra la facción de los Urrea, quienes contaban con el sostén de los linajes que controlaban el gobierno de las principales instituciones del reino, es decir, los Cerdán, uno de cuyos miembros ejercía como

---

[46] Abella, Juan; Lafuente, Mario; De la Torre, Sandra. *Op. cit.*, pag. 63.

Justicia de Aragón, los Ruiz de Lihorí, que ostentaban la gobernación del reino, y los Heredia, familia a la que pertenecía García Fernández de Heredia, el arzobispo de Zaragoza[47]. En este grupo se insertan también individuos de la elite zaragozana, junto con cortesanos del entorno de Martín I, y por ello son estos quienes, a instancias del propio rey, toman parte en la junta que se organiza en Barcelona a principios de 1410 con el objeto de estudiar la cuestión sucesoria[48]. Esto hizo que el conde de Urgel, desconfiado, lanzase en mayo de 1410 un desafío dirigido contra este círculo de poder, dado el control que mantenía de las instituciones aragonesas, jugando sus bazas mediante el intento de hacer efectivo el nombramiento de Lugarteniente del reino que Martín I le había asignado el 28 de julio de 1408[49]. Jaime de Urgel se percató de que tomar posesión de este cargo era un paso fundamental a la vista de la precaria salud del rey, pues ante el arranque inminente del proceso sucesorio le colocaba en una posición de fuerza, por encima del gobernador, el Justicia y del arzobispo de Zaragoza, todos ellos muy contrarios a su persona; sin embargo existía un inconveniente, y es que legalmente para lograr su

---

[47] Abella, Juan; Lafuente, Mario; De la Torre, Sandra. *Ibídem.*
[48] Sesma Muñoz, J. A., Laliena Corbera, C. *Op. cit.,* pag. 181.
[49] Sesma Muñoz, J. A., Laliena Corbera, C. *Op. cit.,* pag. 181.

propósito debía jurar el cargo ante el Justicia[50].

En un primer momento el de Urgel se movió con astucia y consiguió reunir en las afueras de Zaragoza, ante el Justicia de Aragón y los jurados de la ciudad, a los cabecillas de los bandos enfrentados, con la intención de lograr un acercamiento de posturas. Aunque en principio pareció alcanzar su objetivo, no tardó en comprobar cómo hombres armados de las dos parcialidades, una de ellas esgrimiendo sus propios derechos, entraban en Zaragoza, convirtiendo la ciudad en un avispero. El conde de Urgel informa al rey de las turbulencias causadas por estos bandos, a los que considera responsables de la crispación política, y de las gestiones realizadas para su erradicación, pero omite hacer mención a que él es parte del problema[51].

Jaime trató de minimizar el verdadero potencial de sus enemigos en las notificaciones que enviaba al rey, y a la vista del estancamiento de la situación, el de Urgel intentó obligar tanto al Justicia como al arzobispo para que lo reconocieran como Lugarteniente, consiguiendo únicamente que estos levantaran la ciudad en armas, iniciándose un

---

[50] Sesma Muñoz, J. A., Laliena Corbera, C. *Op. cit.*, pag. 181-182.
[51] Sesma Muñoz, J. A., Laliena Corbera, C. *Op. cit.*, pag. 182-183.

enfrentamiento en varios puntos de Zaragoza que provocó víctimas[52]. Cuando el monarca tuvo conocimiento de los hechos quedó sobrecogido al percatarse de la agitación reinante en Aragón y parece dar por sentada entonces la poca idoneidad del conde para la posible sucesión. Ordena al Justicia que ponga orden expulsando a las gentes armadas de la ciudad y resuelva el pleito de la forma que le parezca oportuna, de acuerdo a la legalidad de los Fueros. Le daba así carta blanca para intervenir, a sabiendas de la enemistad de éste hacia el conde[53]. Se produce en este momento el primer tropiezo en la carrera por la consecución del trono de Jaime de Urgel.

Los bandos en conflicto en Valencia

Valencia presentaba una situación relativamente similar en cuanto a divisiones internas en bandos, cuyas discrepancias se reflejaban en la imposibilidad de convocar un parlamento que permitiese debatir el problema sucesorio. Aquí el antagonismo llevaba al enfrentamiento del bando de los Centelles contra el de los Vilaragud. Estos últimos,

---

[52] Sesma Muñoz, J. A., Laliena Corbera, C. *Op. cit.*, pag. 183.
[53] Sesma Muñoz, J. A., Laliena Corbera, C. *Op. cit.*, pags. 184-185.

urgelistas, disponían del favor del gobernador del reino, el catalán también urgelista Arnaldo Guillem de Bellera, y eso les permitió hacerse con el gobierno de la ciudad de Valencia[54]. El 18 de abril de 1410 el gobernador Bellera ponía en ejecución un edicto de Martín el Humano dirigido a acabar con los excesos cometidos por los bandos de manera contundente[55]. Actuaba desde una posición de legitimidad, pero muy cuestionada por el sostén prestado a los Vilaragut, una de las parcialidades en conflicto.

Esto generó un progresivo entorno de discordia y violencia, en el que los Centelles y sus linajes amigos dieron lugar a algaradas por todo el reino, atacando a los Vilaragut, al gobernador y a los representantes del gobierno ciudadano de Valencia. A su vez, las autoridades reprimían duramente a sus rivales, soslayando actuar en el ejercicio de su potestad contra los actos de fuerza cometidos por los de su propio bando. Los Centelles fueron desterrados de la capital y por ello generalizaron la contienda en el ámbito rural en un intento de conseguir apoyos[56].

Al respecto dice Zurita: "A muy peor estado que éste habían

---

54 Abella, Juan; Lafuente, Mario; De la Torre, Sandra. *Op. cit.*, pag. 64.
55 Narbona Vizcaíno, Rafael. *Op. cit.*, pag. 208.
56 Narbona Vizcaíno, Rafael. *Op. cit.*, pag. 202.

llegado las cosas del reino de Valencia, teniendo los Centellas y Vilaragudes dividida no sólo la nobleza dél pero las ciudades y villas reales; y los del bando de los Vilaragudes con la autoridad y favor de Arnaldo Guillén de Bellera gobernador de aquel reino se habían apoderado de la ciudad de Valencia, y eran de su parte los que tenían el gobierno della, la cual era poderosa para poner la ley que quisiese a todo el reino sino se valiese de fuerzas y gente extranjera"[57]. Su forma de proceder ocasionó que en múltiples localidades del reino se produjeran resistencias e insubordinaciones ante los mandatos del gobernador, negándose algunas poblaciones a reconocer la declaración de estado de excepción y rechazando la aportación de tributos para financiar los gastos de la militarización que Bellera estaba llevando a cabo[58].

En definitiva, la falta de perspectiva política del Gobernador hizo que actuara interesadamente amparándose en una de las parcialidades, con la idea de afianzar una determinada opción partidista en Valencia, lo que le abocó al enfrentamiento con los contrarios a ella, y aunque las actuaciones de los Centelles y sus aliados carecieron en

---

[57] Jerónimo Zurita. *Anales de Aragón*, Libro XI, capítulo IV, pag. 10.
[58] Narbona Vizcaíno, Rafael. *Op. cit.*, pags. 203-204.

principio de un objetivo claro, moviéndose por actitudes de preeminencia y mera inquina hacia los Vilaragut, finalmente terminaron por derivar en el apoyo a la candidatura de Fernando de Antequera, convertido en firme aspirante al trono tras el asesinato del arzobispo de Zaragoza en junio de 1411[59].

Los bandos en conflicto en Cataluña

Puede decirse que, a la vista de lo acontecido en Aragón y Valencia, en Cataluña el reinado de Martín I había transcurrido con cierta tranquilidad, especialmente en Barcelona, donde sus elites urbanas venían manteniendo una actitud política más o menos moderada[60]. Pero ante la precipitación de los acontecimientos sucesorios, la incertidumbre generada hizo que una embajada comisionada por las Cortes catalanas, presidida por el consejero de la ciudad de Barcelona y representante del patriciado urbano Ferrer de Gualbes, se personara ante el rey agonizante el 30 de mayo de 1410, a fin de demandar de éste su anuencia para que la transmisión de la Corona se

---

[59] Narbona Vizcaíno, Rafael. *Op. cit.*, pag. 204.
[60] Verdés Pijuan, Pere. *Op. cit.*, pag. 159.

realizase "por justicia"[61], y aunque no fue posible obtener del monarca una declaración explícita sobre la sucesión, Martín respondió afirmativamente. La misma gestión se repitió al día siguiente con igual respuesta, y seguidamente el monarca expiró[62]. Esta iniciativa debe enmarcarse dentro de la estrategia del antiurgelismo, cuyos cabecillas eran el gobernador de Cataluña Guerau Alemay de Cervelló por el brazo nobiliario[63] y el propio Ferrer de Gualbes por el ciudadano[64], y puede considerarse como un éxito, pues consiguieron ganar tiempo y evitar que la corona fuera a parar *in extremis* en la persona del conde de Urgel[65].

Una vez fallecido el monarca las Cortes optaron por disolverse; sin embargo, a la finalización de esta dilatada asamblea, iniciada como queda dicho en 1405, la división de la nobleza catalana en dos bandos claramente diferenciados era ya un hecho, de manera que el enrevesado escenario político se complicó aún más en el segundo semestre de 1410.

---

[61] Jerónimo Zurita. *Anales de Aragón*, Libro XI, capítulo II, pag. 5.
[62] Verdés Pijuan, Pere. *Op. cit.*, pag. 151.
[63] Rubio Vela, Agustín. *Op. cit.*, pag. 270.
[64] Morales Arrizabalaga, Jesús. "La Concordia de Alcañiz y el «Compromiso» de Caspe de 1412, desde la legislación, el derecho y la justicia", en revista *Rolde,* nᵒˢ 143-144, 2009, pag. 71.
[65] Verdés Pijuan, Pere. *Op. cit.*, pag. 151.

Las discrepancias entre las facciones se intensificaron a la hora de decidir el lugar de congregación del Parlamento convocado para dilucidar sobre la cuestión sucesoria. Los antiurgelistas rechazaron que la asamblea se celebrara en Barcelona, por voz de uno de sus representantes, Roger Bernardo de Pallars, hijo del conde de Pallars, quien expuso que la Ciudad Condal no era el sitio conveniente para debatir sobre este asunto, pues estimaba que ésta tenía predisposición urgelista[66]. Finalmente la elección se dejó en manos de una junta para que dictaminara al efecto, cuyas vacilaciones provocaron diversos retrasos hasta que en diciembre se aprobó la celebración del Parlamento, definitivamente en Barcelona[67]. Se trataba de un gesto más, representativo de la continuidad de los enfrentamientos que venían de antiguo y de suspicacias políticas en una sociedad donde también hubo confrontación y pugna entre facciones nobiliarias, con el añadido además de un poderoso patriciado urbano, aunque aquí siempre se manifestó con menor virulencia que en Aragón y Valencia.

---

[66] Abella, Juan; Lafuente, Mario; De la Torre, Sandra. *Op. cit.*, pag. 63.
[67] Abella, Juan; Lafuente, Mario; De la Torre, Sandra. *Ibídem.*

IV- El Interregno (1410-1412)

1- Fractura de las élites sociales y toma de posturas

Martín I no supo o no pudo evitar el escenario de agitación que para sus reinos suponía una sucesión incierta y su muerte dio pie a un paréntesis turbulento que se prolongo durante dos años, principalmente porque en los reinos de Aragón y Valencia las facciones nobiliarias se encontraban enfrascadas en sus disputas, circunstancia que impidió durante un tiempo la convocatoria de parlamentos en cada uno de estos territorios y cuando se llevaron a cabo no fueron unitarios.

El monarca había nombrado al conde de Urgel como Lugarteniente del reino de Aragón el 15 de junio de 1408, dado que por entonces su hijo y heredero, Martín el Joven, se encontraba a la cabeza del reino de Sicilia. La inesperada muerte del príncipe el 25 de julio de 1409 dio lugar a que Jaime de Urgel fuera designado por el rey gobernador general de la Corona de Aragón, cargo que por tradición era ocupado por el heredero de la Corona[68]. Sin embargo, el conde no supo sacar provecho de la confianza depositada en él por Martín I, demostrando muy poca competencia política, siendo así que continuó con su torpe estrategia de implicación en las luchas de bandos que dividían los reinos, actitud merced a la cual hubo de enfrentarse a fuertes enemistades en todos los territorios, especialmente en Aragón, desaprovechando de esta manera la posición de ventaja que otorgaba su puesto de cara a suceder a Martín I[69].

La situación de vacío por la ausencia de un legítimo heredero y la falta de capacidad y decisión del de Urgel para imponerse como sucesor de Martín I, hizo que el Parlamento catalán se decidiera a actuar, nombrando un comité de doce prohombres encargado de mantener la paz en el Principado, a la vez que despachaba delegaciones a Aragón y Valencia con la idea de reunir a los representantes de los distintos territorios de la Corona en un parlamento general a fin de deliberar sobre el asunto de la sucesión[70]. Así, los delegados catalanes desplazados en el reino de Aragón lograron

---

[68] Abella, Juan; Lafuente, Mario; De la Torre, Sandra. *Op. cit.*, pag. 64.
[69] Cantera Montenegro, Enrique. *Op. cit.*, pag. 709.
[70] Cantera Montenegro, Enrique. *Ibídem.*

impulsar la reunión de las Cortes aragonesas en Calatayud a principios de 1411.

En tanto que la vía parlamentaria intentaba dar solución al conflicto por el camino del pacto, los enfrentamientos se incrementaban en Aragón y Valencia, de forma que en los últimos meses de 1411 parecía inevitable una confrontación armada. Los Urrea en Aragón y los Centelles en Valencia se esforzaron por ocupar el mayor número posible de plazas estratégicas desde donde mantener una posición de fuerza ante los urgelistas, quienes a su vez hacían lo propio[71]. En Aragón, las tierras pirenaicas y el Somontano eran de tradición urgelista y Antón de Luna y los suyos controlaban parte de las Cinco Villas, la Hoya de Huesca y gozaban de algunas posiciones en tierras de Calatayud y el Ebro medio. El sur del reino seguía a la facción contraria, dominando también Zaragoza, la propia villa de Calatayud, las ciudades y Comunidades de aldeas de Teruel, Daroca y Albarracín[72]. Mientras, en Cataluña y Mallorca se mantenía una paz relativa.

La nobleza aragonesa mantenía su obcecada fragmentación:

---

[71] Abella, Juan; Lafuente, Mario; De la Torre, Sandra. *Op. cit.*, pag. 75.
[72] Sesma Muñoz, J. A., Laliena Corbera, C. *Op. cit.*, pag. 186.

los Urrea y el gobernador Gil Ruiz de Lihori encabezaban el sector mayoritario, primeramente partidario de Luis de Anjou y que finalmente terminó apoyando al candidato Trastámara; en frente, los Luna, los Alagón y los Híjar perseveraban en su apoyo al conde de Urgel. En Valencia, los apoyos territoriales a uno u otro bando eran más difusos, el gobernador Arnaldo Guillem de Bellera y los Vilaragut dominaban la capital y sometieron durante sus expediciones a diversas ciudades díscolas *manu militari*; mientras, los Centelles se resistían en el espacio rural y controlaban poblaciones como Sagunto, Morella, Nules, Castellón o Requena[73]. La burguesía urbana terminó apoyando al Trastámara a pesar de la filiación urgelista de sus dirigentes[74]. En Cataluña, el conde de Urgel gozaba de una evidente popularidad, conservando el apoyo de algunos grandes magnates como los Montcada, Cardona y Perellós, y de un importante sector de la iglesia; sin embargo, otros altos nobles como el conde de Pallars, el vizconde de Illa-Canet o el barón de Cervelló[75] eran antiurgelistas y la burguesía se posicionó en su mayor parte también frente al conde de Urgel.

---

[73] Narbona Vizcaíno, Rafael. *Op. cit.*, pag.194.
[74] Narbona Vizcaíno, Rafael. *Ibídem.*
[75] Rubio Vela, Agustín., *Op. cit.*, pag. 274.

2- Los candidatos a la sucesión juegan sus bazas

En el marco de todas estas divisiones internas de los territorios de la Corona, los aspirantes al trono comenzaron a mover ficha y atendiendo a que el Parlamento de Cataluña era quien se había implicado desde un primer momento en la resolución del problema, comenzaron a comisionar emisarios a Barcelona a principios del otoño de 1410[76]. Jaime de Urgel aparece como el pretendiente que comienza disponiendo de mayores posibilidades, dada su ubicación en la línea sucesoria y el ascendente que le otorgaban los nombramientos que Martín I le adjudicó en el gobierno de la Corona.

La candidatura esgrimida por el sector antiurgelista catalán era la de Luis de Anjou, principal rival del conde al inicio del proceso sucesorio; hijo de Luis II de Anjou, conde de Provenza, duque de Calabria y nieto por vía femenina de Juan I. La cabeza más destacada de esta facción era la del gobernador del Principado, el ya mencionado Guerau

---

[76] Cantera Montenegro, Enrique. *Op. cit.*, pags. 709-710.

Alemay de Cervelló, y la apoyaban además su abuela Violante de Bar, viuda de Juan I y las oligarquías ciudadanas[77]. Sin embargo, el aspirante era un niño de seis años, lo que jugaba en su contra.

Igualmente, consignaron representantes ante el Parlamento Alfonso de Gandía, un anciano de avanzada edad, nieto de Jaime II. También Fadrique de Luna, el hijo bastardo de Martín el Joven, sobre el que pesaban en negativo sus ocho años, a pesar del amparo que recibió en un principio de su pariente Benedicto XIII[78].

El aspirante que con más retraso mostró sus cartas fue Fernando de Antequera (1380-1416), segundo hijo de Juan I de Castilla y de Leonor de Aragón, hija de Pedro IV el Ceremonioso; quien al inicio del Interregno ejercía como corregente de Castilla junto a Catalina de Láncaster, madre de Juan II (1406-1454), en la minoridad de éste. Aunque desatendió en los primeros momentos el asunto de la sucesión, absorto como estaba en la campaña militar contra el reino de Granada, el de Antequera supo sacar provecho de los graves fraccionamientos que se habían producido en los

---

77 Cantera Montenegro, Enrique. *Op. cit.*, pag. 710.
78 Benedicto XIII se encontraba emparentado con María de Luna, primera esposa de Martín el Humano y madre de Martín el Joven.

territorios de la Corona, y utilizó inteligentemente el poder que le otorgaba la regencia del reino de Castilla, así como su reputación militar, consiguiendo dinero y tropas de las Cortes castellanas. Contó además con beneplácito de la reina madre, dado que esto suponía una oportunidad de oro para distanciarlo de la regencia[79].

Otro de los grandes valedores de Fernando de Antequera fue Benedicto XIII. El Papa Luna, en el momento que Fadrique quedó descartado como candidato a la sucesión, consideró que la opción del castellano era la mejor en atención a sus intereses de cara a mantener una posición de fuerza ante sus contrincantes en el conflicto por el papado[80], de manera que consintió el uso en beneficio del Trastámara de los medios disponibles para la campaña de Granada, considerada como cruzada por la Iglesia.

Fernando supo sacar el provecho que la ocasión le brindaba, se movió con sensatez, evitando que afloraran suspicacias por su condición de castellano y logró atraer hacia su

---

[79] Cantera Montenegro, Enrique. *Ibídem.*
[80] Nieto Soria, José Manuel. "Fernando de Antequera, regente de Castilla" en *La Corona de Aragón en el centro de su historia (1410-1412). El Interregno y el Compromiso de Caspe.* Sesma Muñoz, José Ángel (Coord). Gobierno de Aragón, Departamento de Educación, Universidad, Cultura y Deporte. Colección Actas 75. Zaragoza, 2011, pag. 307.

empresa a quienes en Aragón y Valencia habían apoyado hasta entonces la causa angevina[81]. Por ello, gracias a su astucia y a los enormes medios y apoyos con que contó, pudo situarse pronto en una situación de ventaja respecto a la mayoría de los otros competidores por el trono, especialmente frente al conde de Urgel, quien probablemente, de no haberse interpuesto un escenario tan convulsionado hubiese sucedido al rey Martín sin mayores complicaciones.

3- A la búsqueda de una solución conjunta a través la vía parlamentaria

Si bien, las divisiones internas existentes en los diferentes territorios mantenían un clima de crispación, las elites políticas no dejaron de buscar una solución pactada al problema sucesorio con la idea de no dividir la Corona de Aragón, evitando así soluciones particulares que hicieran peligrar la unidad de la confederación.

A instancias de los delegados catalanes desplazados al reino de Aragón, se tomó la iniciativa de reunir un parlamento

---

[81] Cantera Montenegro, Enrique. *Op. cit.*, pag. 711.

conjunto en Calatayud, donde deliberar sobre el procedimiento a seguir para la elección del nuevo rey. Benedicto XIII, junto con el gobernador Gil Ruiz de Lihori y el Justicia Mayor de Aragón, Juan Jiménez Cerdán, acordaron aligerar los trámites, convocando con carácter de urgencia a finales de enero de 1411, al que se declararía como Parlamento General[82]. El día 8 de febrero se constituyó el Parlamento de Calatayud presidido por el gobernador y el Justicia de Aragón, en un intento de que todos los implicados en la cuestión sucesoria se uniesen en búsqueda del mayor grado de consenso posible, pero cuestiones de preferencias en la incorporación al parlamento ocasionaron las primeras tensiones[83]. Antón de Luna, receloso respecto a estas prioridades, se dirigió a Calatayud con gente de armas con la intención de entrar en la ciudad a pesar de la prohibición de que lo hiciera antes que el gobernador y el Justicia[84]. Esta intentona de los urgelistas creó momentos de inquietud y obligó al gobernador de Aragón a cerrar las puertas de la ciudad para garantizar la libertad de decisión de los parlamentarios. Los embajadores de Cataluña intercedieron ante Antón de Luna, consiguiendo que sus

---

[82] Abella, Juan; Lafuente, Mario; De la Torre, Sandra. *Op. cit.*, pag. 66.
[83] Abella, Juan; Lafuente, Mario; De la Torre, Sandra. *Op. cit.*, pag. 67.
[84] Abella, Juan; Lafuente, Mario; De la Torre, Sandra. *Ibídem.*

fuerzas se retiraran de los alrededores de Calatayud y ya sin esta amenaza, el Parlamento, con representación de todas las partes, continuó con los debates.

Se propuso la elección de una comisión para preparar la celebración de otro Parlamento general de toda la Corona de Aragón, éste centrado en resolver las cuestiones relativas al derecho de los candidatos a la sucesión al trono. Pero el 28 de mayo se produce un desacuerdo: el obispo de Tarazona rechaza tajantemente que el eventual Parlamento general sea presidido por un delegado de Principado, según dictaba la tradición[85]. El 31 de mayo el Parlamento concluyó sus deliberaciones y esa misma mañana se tomó la decisión de que Aragón, Valencia y Cataluña celebrasen parlamentos por separado, en ciudades que permitieran un contacto ágil gracias a su proximidad entre sí[86]. El día 1 de junio se dio por finalizado aquel primer encuentro con un evidente sentimiento de fracaso, pues había quedado vacía de contenido la idea de la convocatoria de un parlamento general de todos los territorios de la Corona[87].

---

[85] Abella, Juan; Lafuente, Mario; De la Torre, Sandra. *Op. cit.*, pag. 68.
[86] Jerónimo Zurita. *Anales de Aragón*, Libro XI, capítulo XXXI, pag. 58.
[87] Abella, Juan; Lafuente, Mario; De la Torre, Sandra. *Op. cit.*, pag. 69.

4- El asesinato del arzobispo de Zaragoza marca un punto de inflexión en el Interregno

El mismo día en que se clausuró el Parlamento de Calatayud, el arzobispo de Zaragoza, uno de los más destacados participantes en esta asamblea, partió con su séquito de regreso hacia su sede. Cuando la comitiva se encontraba en las proximidades de La Almunia de Doña Godina, gentes al servicio del urgelista Antón de Luna conminaron a García Fernández de Heredia, conocido partidario de Luis de Anjou, a mantener una reunión con su señor, a lo que el prelado se avino forzado por la situación. Este obligado encuentro era un ardid para intentar desbaratar el bando de los Urrea[88], sustrayendo de esta parcialidad a uno de sus principales cabecillas, y parece ser que durante la entrevista Antón de Luna instó al arzobispo para que reconociera a Jaime de Urgel como único candidato a la Corona de Aragón[89]. La obstinada negativa a admitirlo

---

[88] Sesma Muñoz, J. A., Laliena Corbera, C. *Op. cit.*, pag. 187.
[89] Jerónimo Zurita. *Anales de Aragón*, libro XI, capitulo XXXII, pags. 59-60.

por parte de Fernández de Heredia hizo que el de Luna y sus secuaces reaccionaran violentamente, arremetiendo espada en mano contra el Arzobispo y su séquito, dándole muerte junto a varios de sus acompañantes, entre los que se encontraban los hermanos Tomás y Alfonso de Liñán, caballeros hermanos de Calatayud, haciendo prisionero a su vez a Jaime Cerdán, hijo del Justicia de Aragón[90].

El asesinato del arzobispo tuvo una enorme repercusión en el reino de Aragón y por extensión en toda la Corona. En medio del caos provocado por el crimen, el gobernador Gil Ruiz de Lihori y la facción proangevina de Aragón, clamaron venganza y solicitaron la presencia de tropas a Luis de Anjou; pero éste no pudo aportarlas con la inmediatez requerida. Resolvieron entonces solicitar auxilio al regente castellano, quien vio en ello una oportunidad de oro para su promoción y maniobró con habilidad, tanto en el ámbito político como en el militar, enviando presurosamente a Aragón un contingente armado en apoyo de los antiurgelistas[91].

El violento incidente que termino con la muerte del

---

[90] Jerónimo Zurita. *Anales de Aragón*, libro XI, capitulo XXXII, pag. 60.
[91] Jerónimo Zurita. *Anales de Aragón*, libro XI, capitulo XXXVII, pag. 72.

arzobispo marcó el cénit en la situación de quiebra entre las elites del reino de Aragón[92] y tuvo consecuencias trascendentales en la evolución inminente de los acontecimientos, pues polarizó las fidelidades, redirigiéndolas hacia las dos únicas candidaturas que a esas alturas conservaban posibilidades de triunfo: las de Jaime de Urgel y Fernando de Antequera.

5- Radicalización de posturas: la sucesión pasa a ser cosa de dos

La ofensiva Trastámara

Ante los negros nubarrones que anunciaban un horizonte de guerra civil, se intensificó la ofensiva trastámara encaminada a la consecución del trono. En el crimen del prelado aragonés hay que situar el ocaso de las aspiraciones de Luis de Anjou y, por consiguiente, la apertura de un mayor abanico de posibilidades en el camino hacia el trono de Fernando de Antequera, ante la eliminación de uno de los principales contendientes. El castellano, con astucia, supo

---

92 Sesma Muñoz, J. A., Laliena Corbera, C. *Op. cit.*, pag. 187.

aunar acciones de fuerza con el empleo de la diplomacia para atraer a su causa a los contrarios al conde de Urgel, quien ahora era su principal adversario, a la vez que intentaba neutralizar a los otros pretendientes con acuerdos compensatorios, consiguiendo que pasaran a ocupar un lugar muy secundario en la disputa por la sucesión[93].

El 8 de junio los embajadores del rey de Castilla se presentaron ante el Parlamento de Cataluña, reivindicando los derechos a la Corona de Fernando de Antequera[94], si bien, los representantes de la asamblea catalana se limitaron a expresar ante los comisionados castellanos que no podían decidir sin contar con el resto de los parlamentos de la Corona[95]. Pese a ello, el infante de Castilla ya había conseguido colocarse en una situación favorable, pues sus partidarios dentro de Aragón, los antiguos angevinos, se habían hecho con el control de la mayor parte del reino en

[93] González Sánchez, Santiago. "El ascenso del infante don Fernando al trono de la Corona de Aragón: los medios empleados" en *El Compromiso de Caspe (1412), cambios dinásticos y Constitucionalismo en la Corona de Aragón*, Falcón Pérez, Isabel (Coord). Edita: Obra Social de Ibercaja. Zaragoza, 2013, pag. 367.
[94] En mayo de 1411, su sobrino, el rey Juan II reconoció ante el Parlamento catalán que el varón más próximo en línea sucesoria a Martín era Fernando de Antequera, con lo renunciaba tácitamente a sus hipotéticos derechos al trono aragonés, dejando vía libre a su tío en sus pretensiones.
[95] Jerónimo Zurita. *Anales de Aragón*, libro XI, capitulo LXV, pag. 127.

una carrera por la consecución de plazas fuertes, quedando únicamente en manos de los urgelistas la comarca de Albarracín y algunas zonas del Pirineo[96].

Apeló el infante Fernando al empleo de las armas a partir de la primavera de 1411, con la justificación del asesinato del arzobispo de Zaragoza. Las tropas castellanas se hallaban emplazadas en territorios fronterizos con los reinos de Aragón y Valencia, y tras recibir la orden de avance se repartieron estratégicamente por lugares que pertenecían a sus valedores aragoneses. Estas fuerzas tenían un carácter preventivo, aunque en momentos puntuales pasaran a intervenir en apoyo de los antiurgelistas, tomando parte en los ataques contra los señoríos que Antón de Luna tenía en su zona de dominio[97]. En Valencia se involucraron decisivamente en favor de los Centelles, consiguiendo que estos se impusieran en la batalla del Codolar, en las inmediaciones de Sagunto, lo que significó un desastre para los partidarios del conde Urgel y vía libre a los intereses de Fernando de Antequera en este reino[98].

---

[96] Sesma Muñoz, J. A., Laliena Corbera, C. *Op. cit.*, pag. 71.
[97] González Sánchez, Santiago. *Op. cit.*, pag. 363.
[98] González Sánchez, Santiago. *Op. cit.*, pag. 365.

El urgelismo a la defensiva

Dada la implicación decidida de Fernando de Antequera en la cuestión sucesoria, los urgelistas intentaron neutralizar la actividad del trastámara con iniciativas políticas ante el Parlamento catalán. Su principal objetivo era justificar la muerte del arzobispo de Zaragoza, pues este asesinato les había colocado en una situación muy delicada. Pretendieron, mediante el envío de dos misivas redactadas por Antón de Luna, presentar argumentos para de alguna manera disculpar dicha muerte e intentar descalificar a Fernández de Heredia, a la vez que denunciaban que el gobernador de Aragón, Gil Ruiz de Lihori, había solicitado a Fernando de Antequera el envío de tropas a este reino[99] y reclamaban que el gobernador del Principado, Guerau Alemany de Cervelló, cesase en el cargo por sus tendencias antiurgelistas.

Antón de Luna, tras el atentado contra el arzobispo de Zaragoza, se había cobijado en los dominios de sus aliados, Artal de Alagón y Pedro Fernández de Híjar[100], para

---

[99] De la Torre Gonzalo, Sandra. *"Por hacer paz y justicia*: la traición como arma política durante el *Interregno* en el reino de Aragón (1410-1412)". Revista *e-Spania*, on-line.
[100] Abella, Juan; Lafuente, Mario; De la Torre, Sandra. *Op. cit.*, pag. 70.

seguidamente refugiarse en el norte de Huesca, al abrigo de sus montañas, dada la dificultad de penetración en este territorio y su vecindad a las posesiones del conde de Urgel, bien defendidas por la tenencia de diversos emplazamientos fortificados. Éste, estratégicamente, se ubicó en Balaguer, capital de su condado dotada de un firme baluarte y donde contaba con grandes apoyos. A su vez contrató mercenarios gascones con la idea de contrarrestar la entrada de tropas castellanas con un movimiento idéntico[101]. Se produjeron escaramuzas en Ejea de los Caballeros, donde Antón de Luna y estos mercenarios consiguieron poner en fuga a un pequeño ejército que se desplazó desde Zaragoza para socorrer a la población[102].

En el uso de la violencia se escudaron tanto uno como otro candidato. El infante Fernando se presentó como adalid de la justicia, acreditando la presencia de sus tropas como acción de castigo contra los asesinos del arzobispo, mientras el de Urgel se excusó alegando la legitimidad de su actuación en uso de la gobernación general del reino y ante la entrada de

---

[101] Abella, Juan; Lafuente, Mario; De la Torre, Sandra. *Op. cit.*, pag. 76.
[102] Jerónimo Zurita. *Anales de Aragón*, libro XI, capitulo LXV, pag. 126.

huestes extranjeras procedentes de Castilla[103].

6- La gestación de la Concordia de Alcañiz: los parlamentos territoriales

Una vez desechada la idea de convocar el Parlamento General de la Corona de Aragón y sustituida por la de celebrar reuniones de delegaciones parlamentarias territoriales en sedes próximas, con un reducido número de representantes, el Parlamento catalán se trasladó a Tortosa y el aragonés, de donde habían sido excluidos los urgelistas[104], se desplazó de Zaragoza a Alcañiz. En Valencia la situación era confusa, pues se habían constituido dos parlamentos: el oficial reunido por el gobernador Bellera, que desde la capital se desplazó hasta Vinaroz, y otro, organizado por los antiurgelistas y establecido en Traiguera. De esta manera, todas las ciudades que acogían las respectivas asambleas se ubicaban a poco más de una día de camino entre sí, al objeto de facilitar la comunicación.

---

[103] Abella, Juan; Lafuente, Mario; De la Torre, Sandra. *Op. cit.*, pag. 77.
[104] A consecuencia del asesinato del arzobispo de Zaragoza, Antón de Luna, cabeza del urgelismo aragonés, fue excomulgado y sancionado con la inhabilitación parlamentaria.

El Parlamento de Tortosa fue el que comenzó a deliberar en primer lugar y en sus planteamientos se mantuvo la idea de una convocatoria general. Sin embargo la situación se complicó en Aragón cuando los urgelistas no transigieron con su expulsión parlamentaria y como respuesta convocaron una reunión en Mequinenza a finales de 1411[105], declarando ilegítima la asamblea de Alcañiz e intentando establecerse como interlocutores válidos con Tortosa. No consiguieron su propósito, dado que los catalanes los rechazaron al haber iniciado ya negociaciones con los de Alcañiz. Mientras tanto, en Valencia continuaban reunidas dos asambleas contrapuestas tratando de erigirse cada una por su lado en representantes únicos ante los parlamentos de Tortosa y Alcañiz, si bien, desde allí se les indicó en repetidas ocasiones que, o lo hacían de manera conjunta, o no serían reconocidos[106].

En medio de esta confusión parlamentaria, las armas se hicieron oír en diversas escaramuzas tanto en Aragón como en Valencia. Juan Fernández de Heredia, sobrino del arzobispo, intentó tomar el castillo de Albarracín, villa leal al

---

[105] Abella, Juan; Lafuente, Mario; De la Torre, Sandra. *Op. cit.*, pag. 74.
[106] Narbona Vizcaíno, Rafael. *Op. cit.*, pags. 224-226.

conde de Urgel, que se le resistió durante meses[107]. Los de la parcialidad urgelista de los Vilaragut pretendieron hacerse con la villa de Morella, díscola a la autoridad del gobernador Bellera, en cuyo auxilio acudió el gobernador de Aragón, Gil Ruiz de Lihori junto con Pedro Jiménez de Urrea, ahora convertidos en trastamarístas[108]. Mientras, las tropas castellanas que habían penetrado en territorio aragonés participaban en los ataques de los antiurgelistas contra los dominios de Antón de Luna, con el propósito de aislar a los partidarios del conde[109].

En este contexto y ante la sensación de inoperatividad y el temor de que tanto Jaime de Urgel como el infante Fernando optaran por dar de lado definitivamente a la vía parlamentaria y recurrieran a una confrontación armada total para resolver el conflicto sucesorio, los parlamentarios de Alcañiz, adoptando una posición de fuerza, hicieron saber a los de Tortosa que renunciaban a la convocatoria de un parlamento general de Aragón, Cataluña y Valencia, alegando que "en caso de que los otros Parlamentos no quisiesen libremente entender en la causa de la sucesión, los

---

[107] Abella, Juan; Lafuente, Mario; De la Torre, Sandra. *Op. cit.*, pag. 75.
[108] Abella, Juan; Lafuente, Mario; De la Torre, Sandra. *Op. cit.*, pags. 75-76.
[109] Abella, Juan; Lafuente, Mario; De la Torre, Sandra. *Op. cit.*, pag. 76.

del reino de Aragón y el Parlamento dél usarían de su preeminencia así como aquéllos que eran cabeza de los otros reinos y tierras de la corona real"[110]. El Parlamento de Aragón se erigía así en conductor de la situación, imponiendo su resolución respecto a que fuera un reducido número de personas las encargadas de estudiar los derechos a la corona de los candidatos y abocaba a los catalanes por la vía de los hechos consumados a seguir su estela.

7- La Concordia de Alcañiz: una "vía de justicia"[111] como salida al conflicto

Benedicto XIII intervino de manera activa en la solución jurídica del problema sucesorio. Huyendo de los vaivenes del Cisma de la Iglesia, el Papa Luna se cobijó en Cataluña al amparo de Martín I y a su muerte se involucró decisivamente en la búsqueda de solución a esta espinosa cuestión. El interés puesto por el papa en la sucesión no era baladí, pues de decantarse hacia uno u otro candidato sus perspectivas de convertirse en cabeza exclusiva de la Iglesia

---

[110] Jerónimo Zurita. *Anales de Aragón*, libro XI, capitulo LXII, pag. 122.
[111] De Zurita parte la denominación de "vía de la justicia" para referirse a la solución parlamentaria del conflicto.

aumentarían o terminarían por esfumarse[112]. Por ello, cuando se desvaneció la viabilidad de la candidatura al trono de Fadrique de Luna, su pariente y pupilo, no dudo en apostar a caballo ganador, es decir, por Fernando de Antequera, con quien, a través de San Vicente Ferrer, futuro compromisario, había consolidado relaciones en interés mutuo[113].

En enero de 1412, Benedicto XIII hace suya la "vía de la justicia" instando al Parlamento de Alcañiz respecto a la necesidad imperiosa de dar solución al problema y para ello desde Peñíscola dicta dos bulas: *In excelso trono celestis* y *Ac de temporalis regis ac domini*[114]. En la primera, de manera genérica, urge a los reunidos sobre la necesidad de concluir cuanto antes el tema de la sucesión, y en la segunda, entra en detalles sobre algunos asuntos generales de la anterior. Así espoleados, los parlamentarios de Alcañiz debían determinar el procedimiento y los requisitos necesarios para llevar a cabo la elección del nuevo monarca en el acuerdo conocido como Concordia de Alcañiz.

---

[112] Cantera Montenegro, Enrique. *Op. cit.*, pag. 712.
[113] González Sánchez, Santiago. *Op. cit.*, pag. 363.
[114] Cuella Esteban, Ovidio. "La sucesión del rey Martín I en el Bulario de Benedicto XIII", en *El Compromiso de Caspe (1412), cambios dinásticos y Constitucionalismo en la Corona de Aragón*, Falcón Pérez, Isabel (Coord). Edita: Obra Social de Ibercaja. Zaragoza, 2013. pags. 302-303.

La Concordia de Alcañiz disponía en 28 apartados el modo de elección y proclamación del nuevo monarca, estableciendo que serían seleccionados nueve compromisarios por los Parlamentos de Aragón y Cataluña con el encargo de resolver a quien correspondía el mejor derecho, tomando el acuerdo por mayoría de dos tercios. Los nueve deberían atender a las embajadas de los aspirantes al trono y estudiar las pruebas documentales aportadas. Las deliberaciones se llevarían a cabo en el castillo de Caspe, propiedad de Benedicto XIII, cedido al efecto. La decisión era vinculante para todos los territorios de la Corona y debía ser tomada antes del día 29 de mayo de 1412, si bien el plazo se podía prorrogar un mes más en caso de que el periodo anterior resultase insuficiente[115]. Como en el momento en que se firmó la Concordia (15 de febrero), en el reino de Valencia aún se encontraban divididos, se estableció que si lograban ponerse de acuerdo se les admitiría a fin de participar en la resolución de cuestiones que todavía no se encontrasen solventadas. Y como no hubo compromiso entre los contendientes, las diferencias se solventaron mediante el recurso a las armas, especialmente tras la batalla del Codolar o Murviedro (27 de febrero de 1412), enfrentamiento

---

[115] Santamaría Arández, Alvaro. *Op. cit.*, pag. 22.

acaecido en los alrededores de Sagunto, y que constituyó un descalabro para el urgelismo valenciano, ocasionando la muerte del propio gobernador Arnaldo Guillen de Bellera. Sus consecuencias fueron el quebranto de la autoridad del parlamento urgelista de Vinaroz y, por consiguiente, el reconocimiento por la vía de los hechos consumados de los reunidos en Traiguera[116].

8- La reunión de Caspe

En manos de los Parlamentos de Aragón y Cataluña quedó la designación de los nueve compromisarios y no era tarea fácil, pues la responsabilidad a la que debían de hacer frente era grande. Su sentencia sería concluyente e irrevocable y a ella deberían someterse todos los territorios de la Corona de Aragón.

En el Parlamento de Aragón no se llegó a un compromiso en la designación y finalmente fueron el gobernador y presidente de dicha asamblea, Gil Ruiz de Lihori, el Justicia, Juan Jiménez Cerdán, y Berenguer de Bardají quienes nominaron como compromisarios por Aragón a Domingo

---

[116] Narbona Vizcaíno, Rafael. *Op. cit.*, pag. 192.

Ram, obispo de Huesca; Francisco de Aranda, donado de la cartuja de Portaceli y al propio Berenguer de Bardají, jurista. Por Cataluña se designó a Pere Sagarriga, arzobispo de Tarragona; micer Guillem de Vallseca, jurista; y Bernat de Gualbes, jurista y conseller de Barcelona. Los nominados por Valencia fueron Bonifacio Ferrer, prior de la cartuja valenciana de Portaceli y consejero de Benedicto XIII; Vicente Ferrer, hermano del anterior, teólogo y predicador; y Giner Rabassa, jurista entrado en años que en pleno cónclave tuvo que ser sustituido por Pere Beltrán al mostrar síntomas de senectud[117].

El Parlamento aragonés notificó inmediatamente su dictamen al catalán, muy dividido entre urgelistas, trastamaristas y angevinos, por cuya indecisión hubieron de realizarse diversas votaciones nominales, limitándose finalmente a asumir el listado de compromisarios designados por los aragoneses, tanto por su deseo de que el Interregno finalizara cuanto antes, como, en definitiva, para evitar la ruptura de la confederación, puesto que los parlamentarios catalanes presuponían que los aragoneses habrían actuado unilateralmente de no seguir sus designios

---

[117] Santamaría Arández, Alvaro. *Op. cit.*, pag. 23-24.

en la elección[118].

En Valencia, la unificación de criterios de manera expeditiva tras Murviedro, hizo que sus representantes, ahora claramente de tendencia protrastámara, participaran con una única voz en el proceso de elección del nuevo monarca, aprestándose a dar su conformidad con lo estipulado en la Concordia y ratificando a los compromisarios valencianos[119].

A partir del 29 de marzo de 1410 los compromisarios se fueron reuniendo paulatinamente en el castillo de Caspe y todos prestaron juramento de cumplir su cometido "según Dios, según justicia y de acuerdo, cada uno, con su buena conciencia"[120]. Todos excepto Giner Rabassa, que no se incorporó al cónclave hasta el 17 de abril para seguidamente ser sustituido por su falta de aptitud mental, hecho que no ha dejado de levantar suspicacias en la historiografía posterior[121]. Los nueve iniciaron las deliberaciones en un escenario complejo, con la intención de determinar cuál de los cinco candidatos tenía el mejor derecho para hacerse con

---

[118] Cantera Montenegro, Enrique. *Op. cit.*, pag. 714.

[119] Abella, Juan; Lafuente, Mario; De la Torre, Sandra. *Op. cit.*, pag. 81.

[120] Santamaría Arández, Alvaro. *Op. cit.*, pag. 24.

[121] Martín, José Luis. "Fernando de Antequera y el Compromiso de Caspe. ¿Una incorporación a España?" *Revista Espacio, Tiempo y Forma*, Serie III, Historia Medieval, t. 13, 2000, UNED, pag. 171.

el trono de la Corona de Aragón, analizando eventualidades como el grado de parentesco que ligaba a los candidatos con alguno de los anteriores monarcas, a la vez que discernían sobre cuál de ellos debía servir de punto de partida. A esto se añadía la dificultad añadida de si las mujeres podían transmitir los derechos de sucesión a la corona o no[122].

Los compromisarios permanecieron recluidos en el castillo de Caspe durante casi tres meses estudiando los argumentos presentados por las delegaciones de cada uno de los candidatos, en las que se integraban los mejores juristas de su tiempo. Finalmente, el 24 de junio, tras prorrogar los dos meses inicialmente establecidos, se llevó a cabo la votación, en la que se abstuvo el compromisario Pere Beltrán, sustituto de Giner Rabassa, alegando que no había tenido el suficiente tiempo para analizar en profundidad la documentación presentada y, en consecuencia, votar con conocimiento de causa[123].

El resto de los compromisarios emitió su voto de manera que Fernando de Trastámara resultó elegido al obtener los seis votos que necesitaba (Vicente Ferrer, Domingo Ram,

---

[122] Abella, Juan; Lafuente, Mario; De la Torre, Sandra. *Op. cit.*, pag. 89.
[123] Cantera Montenegro, Enrique. *Op. cit.*, pag. 717.

Bonifacio Ferrer, Bernat de Gualbes, Berenguer de Bardají y Francisco de Aranda); el duque de Gandía, Alfonso de Aragón, fue votado por Pere Sagarriga, arzobispo de Tarragona y Jaime de Aragón, conde de Urgel, recibió el voto del jurista Guillen de Vallseca. No obstante, todos los electores, incluidos los dos últimos que votaron dando preferencia a la línea masculina, admitieron que Fernando de Trastámara era el candidato más provechoso para la Corona[124].

El resultado no fue dado a conocer hasta el martes 28 de junio, día en el que con la presencia de embajadas enviadas por los Parlamentos de todos los territorios se realizó la proclamación solemne de Fernando I como rey de Aragón, Valencia y Mallorca (este último reino fue prácticamente excluido del proceso electivo y su escasa participación lo fue vinculado a las decisiones catalanas[125]) y conde de Barcelona. La proclamación de Fernando I fue recibida con muestras de alegría en Aragón, algún regocijo menos en Valencia y cierta

---

[124] Abella, Juan; Lafuente, Mario; De la Torre, Sandra. *Ibídem.*
[125] Los pormenores de la exclusión del reino de Mallorca se encuentran detallados en el trabajo de Álvaro Santamaría Arández *La participación del reino de Mallorca en el Interregno de la Corona de Aragón.*

indiferencia en el Principado de Cataluña[126].

---

126 Rubio Vela, Agustín. *Op. cit.*, pags. 265-266.

V- Fernando I, rey de la Corona de Aragón

Al conocer su elección Fernando actuó una vez más con suma prudencia. Un día después de que la sentencia se hiciera pública recibió la noticia mientras se encontraba en Cuenca[127], ciudad próxima a la frontera de Aragón y sólo tras la llegada a esta plaza de los embajadores aragoneses que trasladaban el veredicto, inició su desplazamiento (12 de julio). El flamante monarca supo esperar e hizo su entrada en el reino aragonés una vez consumada su elección para no herir susceptibilidades, personándose en Zaragoza el día 5 de agosto. Sus primeras acciones se orientaron hacia la toma de posesión de sus territorios y a la sucesiva convocatoria de Cortes, jurando los Fueros y atendiendo los agravios que le fueron presentados[128]. El trastámara, con muy buen criterio, entendió que lo esencial para superar el trauma del Interregno y recuperar la paz, era actuar de manera moderada, llevando a cabo una política conciliadora en la medida de lo posible. Para ello necesitaba poner fin a las divisiones banderizas tan enfatizadas durante el Interregno. Fernando I se implicó en una estrategia a doble vertiente;

---

[127] Jerónimo Zurita. *Anales de Aragón*, libro XI, capitulo LXXXIX, pag. 185.
[128] Abella, Juan; Lafuente, Mario; De la Torre, Sandra. *Op. cit.*, pag. 90.

por un lado el afianzamiento de vínculos con sus partidarios y por otro la atracción del contrario[129].

Quienes lo habían apoyado en su lucha por el trono fueron objeto de distinciones, nombramientos e incluso compensaciones económicas. Miembros de los linajes de los Fernández de Heredia o de los Urrea, entre otros, accedieron a importantes cargos en la Corona. También los compromisarios que votaron por él, casi todos en la órbita de Benedicto XIII[130], se beneficiaron de esta política de prebendas. El propio Papa Luna le ofreció un recibimiento solemne cuando, durante su itinerario por los diferentes territorios, recaló en Tortosa, sede papal[131].

Con los comprometidos en la defensa del urgelismo, sus más firmes adversarios, el rey desplegó una política de acercamiento y magnanimidad en la victoria, otorgándoles el perdón, del que únicamente fueron excluidos los implicados

---

[129] Abella, Juan; Lafuente, Mario; De la Torre, Sandra. *Ibídem.*

[130] El compromisario Bernardo de Gualbes, el único de entre los catalanes que votó por el Tratámara, no pertenecía a este círculo, pero como representante de la burguesía tenía las miras puestas en las ferias castellanas.

[131] Cañas Gálvez, Francisco de Paula. "Viajes y estancias de Fernando I de Aragón: Acción política y ejercicio del poder regio (1412-1416)", en *El Compromiso de Caspe (1412), cambios dinásticos y Constitucionalismo en la Corona de Aragón*, Falcón Pérez, Isabel (Coord). Edita: Obra Social de Ibercaja. Zaragoza, 2013. pag. 234.

directamente en el asesinato del arzobispo de Zaragoza[132]. Fue indulgente con quienes, estando en la órbita de Antón de Luna, ahora solicitaban su favor. A Jaime de Urgel le fue ofertado el ducado de Montblanc, una importante cantidad en efectivo e incluso le propuso un enlace matrimonial entre hijos de ambos[133], actitud con la que, en principio, el conde pareció sentirse satisfecho, reconociendo a Fernando como rey el 28 de octubre de 1412 en la ciudad de Lérida. El resto de sus competidores en Caspe, que desde un primer momento acataron el veredicto y le prestaron obediencia como nuevo rey, conservaron sin mayores problemas sus honores y posesiones, o fueron gratificados con compensaciones monetarias. Esta política de apaciguamiento consiguió excelentes resultados con casi todos sus antiguos oponentes, logrando ganarse la voluntad de la gran mayoría. Únicamente dispuso que se procediera a la confiscación de los bienes de los involucrados en el crimen de Fernández de Heredia, que no dudó en utilizar para compensar las

---

[132] Rycraft, Peter. "Caspe vista desde Inglaterra", en *El Compromiso de Caspe (1412), cambios dinásticos y Constitucionalismo en la Corona de Aragón*, Falcón Pérez, Isabel (Coord). Edita: Obra Social de Ibercaja. Zaragoza, 2013. pag. 735.
[133] Cantera Montenegro, Enrique. *Op. cit.*, pag. 718.

lealtades de sus fieles[134].

---

134 De la Torre Gonzalo, Sandra. . *Op. cit.*, on line.

VI- Los últimos estertores de la crisis: la rebelión de Jaime de Urgel

A la vista de los resultados de Caspe, Jaime de Urgel reconoció a Fernando como rey y le prestó homenaje, pero esa inseguridad de la que hacía gala, motivo por el cual probablemente no alcanzó la corona, una vez más se puso de manifiesto en su intento extemporáneo de lanzarse a la revuelta.

Iniciado el año 1413 y trascurridos unos meses en los que se vio sumido en la vacilación, finalmente, instigado por su madre y por Antón de Luna, a principios del mes de mayo el conde optó por alzarse en armas contra Fernando I argumentando que la corona le correspondía "por justicia"[135]. El conde hizo el llamamiento a la rebelión con la esperanza de que ésta se propagase por todos los territorios de la Corona y confiando en que los partidarios con los que aún contaba se habían de levantar en su favor. Pero la respuesta a la llamada fue un "clamoroso vacío"[136] y muy pocos respondieron, ni tan siquiera en Cataluña, donde

---

[135] Rubio Vela, Agustín. *Op. cit.*, pag. 269.
[136] Rubio Vela, Agustín. *Op. cit.*, pag. 273.

supuestamente disponía de más apoyos; además la revuelta coincidió con la convocatoria a Cortes en el Principado, que no dudaron en condenar la actitud del conde y amparar al monarca recién proclamado[137].

Parecer ser que ya desde febrero el conde y Antón de Luna se hallaban planificando acciones militares y reclutando mercenarios en Francia. La insurrección arrancó en tierras de Aragón, donde se produjeron las primeras acciones armadas. Antón de Luna consiguió emboscar y hacerse con los castillos de Trasmoz y Montearagón, mientras que en la fortaleza de Loarre mantenía su centro de operaciones[138]. En el reino de Valencia, los leales a Fernando I no consiguieron evitar que la insurrección triunfara en Buñol, señorío perteneciente al conde, a pesar de que se tenía conocimiento con anterioridad de movimientos en este sentido[139]. Sin embargo, estas acciones, aunque ruidosas, fueron hechos aislados y de escasa importancia; únicamente en Cataluña, en Balaguer, capital del condado de Urgel, Jaime consiguió mantener una resistencia eficaz.

Como respuesta, Fernando I requirió de los parlamentos

---

[137] Cañas Gálvez, Francisco de Paula. *Op. cit.*, pag. 235.
[138] Jerónimo Zurita. *Anales de Aragón*, libro XII, capitulo XIII, pags. 206-209.
[139] Rubio Vela, Agustín. *Op. cit.*, pag. 268.

ayuda económica, logrando que se le asignasen subsidios de guerra para la formación de un ejército real, acudiendo en su ayuda tropas de infantería y caballería castellanas, así como diversas huestes de los territorios de la Corona, entre ellas, la aportada por el duque de Gandía, su antiguo competidor por el trono[140]. A la vez, el papa Benedicto XIII contribuía al descrédito del conde publicando una bula en la que bendecía la guerra contra él[141].

El rey, al mando de su heterogénea tropa, consiguió ahuyentar a los mercenarios anglogascones en la batalla de Alcolea de Cinca (10 de julio), que venían de fracasar en el intento de asedio a Lérida. Igualmente, a comienzos de julio el ejército real sitió la fortaleza de Buñol, rendida hacia el 19 del mismo mes. Antón de Luna fue derrotado en Castefrorite y Montearagón, aunque consiguió mantener la resistencia en Loarre hasta septiembre, cuando se vio obligado a huir a Navarra[142].

Si los anteriores núcleos de insurrección fueron más o menos sencillos de subyugar, no sucedió lo mismo con el catalán.

---

[140] Rubio Vela, Agustín. *Ibídem.*
[141] Abella, Juan; Lafuente, Mario; De la Torre, Sandra. *Op. cit.,* pag. 91.
[142] Jerónimo Zurita. *Anales de Aragón*, libro XII, capitulo XVII, pag. 215-216.

En Balaguer se atrincheró fuertemente el conde de Urgel al cobijo de su fortaleza y, además, al tratarse de la capital de su condado, allí contaba con grandes apoyos y mantenía la esperanza de una posible llegada de ayuda inglesa. Fernando inició el sitio en el mes de julio, contando con una numerosa tropa integrada por efectivos de sus territorios peninsulares, especialmente valencianos, que no dudaron en acudir a su llamada. Disponía a su vez de artillería, mediante la cual logró causar grandes destrozos en los muros de la fortaleza. Según refiere Zurita: "...y las piedras que tiraba aquella máchina que llamaban Cabrita eran tales que a donde hacían el golpe rompían las vigas tan gruesas como dos grandes pinos y hundían por lo alto el primero y segundo sobrado..."[143].

Finalmente, ante un asedio que se hizo insufrible para los cercados, el conde terminó por rendirse tras tres meses de obstinada resistencia, no sin que antes su esposa (tía de Fernando) intercediera ante el rey en súplica de que le fuera perdonada la vida a su marido[144]. El día 5 de noviembre de 1414 Fernando I hizo su victoriosa entrada en Balaguer. El

---

[143] Jerónimo Zurita. *Anales de Aragón*, libro XII, capitulo XXVII, pag. 229.
[144] Cañas Gálvez, Francisco de Paula. *Op. cit.*, pag. 236.

conde de Urgel fue encarcelado y procesado, siéndole confiscados todos sus bienes, que pasaron a manos de la Corona o vendidos a terceros. Se dictaminó su prisión perpetua y después de recorrer diversas cárceles terminó recluido en la de Játiva, ya en tiempos de Alfonso el Magnánimo, donde falleció en 1433, convirtiéndose en un personaje icónico, protagonista de unos acontecimientos considerados por algunos como una catástrofe histórica[145].

---

[145] Rubio Vela, Agustín. *Op. cit.*, pag. 269.

VII- Conclusiones finales

Ya decíamos al inicio que para hablar de nobleza en la Corona de Aragón se requería hablar en plural y terminamos de igual manera. La pluralidad de la estructura confederal de la corona siempre dio pie, cada cierto tiempo, a desencuentros y tensiones, y la pluralidad de intereses del estamento nobiliario de cada territorio propició distanciamientos.

La crisis provocada por la muerte de Martín I sin descendencia no es el inicio del conflicto, aunque pueda ser su catalizador para ese momento dado, pues con mucha anterioridad al Interregno, las noblezas aragonesa, catalana y valenciana mantenían aspiraciones personalistas manifiestamente enfrentadas, tanto en el ámbito de su propio territorio como en el del conjunto de la Corona. A nivel interno cada bando ansiaba el control de los resortes del poder local, excluyendo al contrario; a nivel del común de los territorios, porfiaban por acceder a la dirección de los organismos políticos de la Corona, para desde allí inclinar la balanza a conveniencia.

Ante la perspectiva de un cambio de monarca e incluso de dinastía que podía acarrear profundas e impredecibles consecuencias, las élites nobiliarias centraron su atención e intereses en tan delicado asunto, en principio vagamente, en espera de acontecimientos, y de manera más significativa en el momento en que el descarte de candidatos dejó con posibilidades de elección únicamente a dos de ellos. Vayamos por partes.

Parece claro que en el reino de Aragón el antiurgelismo fue dominante entre la mayor parte del estamento nobiliario durante el Interregno, exceptuando la poderosa facción dirigida por Antón de Luna, principal valedor del conde en este territorio, fiel hasta el final y que incluso le incitó a la rebelión armada tras el fallo de Caspe.

El antiurgelismo aragonés no era en origen trastamarista, sino partidario de Luis de Anjou, candidato que gozó de las mayores simpatías hasta el asesinato del arzobispo de Zaragoza, momento en que por motivos más prácticos que políticos las fidelidades se decantaron hacia Fernando de Antequera, quien hábilmente supo redirigirlas, consiguiendo aunar sus intereses con los mantenidos por los representantes de la nobleza media, aquellos aupados a los altos cargos en la administración del reino y eclesiásticos, cuya fortuna y autoridad provenía de los servicios prestados y no veían con buenos ojos el acceso al trono del conde de Urgel, al que consideraban favorecedor de los intereses catalanes en el conjunto de la Corona. Con el resultado de Caspe muy pocos en Aragón se sintieron defraudados.

Contrariamente a lo acaecido en Aragón al inicio del Interregno, es probable que los grandes apoyos de que gozaba el conde de Urgel en Cataluña se debieran exactamente al motivo antagónico, es decir, la mayor parte de la nobleza del Principado lo consideraba garante del predominio de Cataluña en la confederación, a la vez que entendió que desde el trono mantendría su estatus como grupo social, particularidad esta última que posiblemente hiciera que el patriciado urbano no simpatizara con los intereses del de Urgel. Sin embargo, la manifiesta aceptación de la causa del conde durante el Interregno, no le sirvió para que los compromisarios catalanes en Caspe se decantaran en mayoría por él. Sólo consiguió un voto. Tras la sentencia, la nobleza catalana, que fue mayoritariamente urgelista, dejó de lado al derrotado, aceptando a Fernando I como monarca y muestra de la conformidad con lo acordado fue el escaso apoyo a éste durante su insurrección.

Curiosamente, con el advenimiento de la nueva dinastía hubo un significativo cambio de tendencias entre los grandes del Principado. Aquellos que desde un primer momento defendieron los intereses de Jaime de Urgel, como los Cardona, Perellós o Montcada, no tuvieron ningún escrúpulo en adherirse fervorosamente a la nueva dinastía y prestarle servicio; en cambio, la terna de aristócratas que apoyó a Fernando (los Pallars, los Illa y Canet y los Carvelló), con el tiempo, pasaron a oponerse a las ambiciones de la dinastía Trastámara.

El enfrentamiento entre las facciones nobiliarias valencianas viene de muy atrás, son conflictos definitorios en el proceso de señorialización. Con la llegada del Interregno y el conflicto sucesorio, la situación no hace más que enquistarse. En los primeros momentos, el urgelismo llevó la voz cantante de la mano del gobernador Bellera y los Vilaragut, y frente a él, el bando de los Centelles, que finalmente se arroja en manos del pretendiente castellano. Aquí, antes de que los compromisarios se pronunciaran, ya las armas habían decidido, aplastando a la facción urgelista, con lo que el dominio político y militar recayó en los partidarios del

Trastámara. Con el control del parlamento y el triunfo sobre el terreno, en el reino de Valencia la victoria de la parcialidad fernandina fue tanto política como militar.

Quien finalmente ganó la partida, es decir, el conjunto de la nobleza que apoyó al vencedor, fue objeto de considerables distinciones y prebendas, pero aun así mantuvo en cierta medida una mirada recelosa hacia el nuevo monarca, pues a pesar de que éste se esforzó en resaltar su perfil materno catalano-aragonés, el haber nacido en el centralizado reino de Castilla no dejaba de despertar suspicacias en unas elites acostumbradas a la negociación y al pacto; sin embargo, Fernando I, durante su corto reinado se mostró hábil en la gestión de esa complejidad.

BIBLIOGRAFÍA

-*Actas del Parlamento Alcañiz-Zaragoza (1411-1412). Actas del Compromiso de Caspe (1412). Sentencia del Compromiso de Caspe (25 de junio de 1412).* Sesma Muñoz, Ángel (Coord.). Acta Curiarum Regni Aragorum. Tomo II, volumen I. Gobierno de Aragón, Zaragoza, 2011.

-*Bulario aragonés de Benedicto XIII (II). La curia itinerante (1404-1411).* Cuella Esteban, Ovidio. Fuentes Históricas Aragonesas 36, Institución Fernando el Católico (CSIC), Diputación de Zaragoza, 2005.

-*Bulario aragonés de Benedicto XIII (III). La curia de Peñíscola (1412-1423).* Cuella Esteban, Ovidio. Fuentes Históricas Aragonesas 40, Institución Fernando el Católico (CSIC), Diputación de Zaragoza, 2005.

-*El Compromiso de Caspe (1412). Diario del Proceso.* Gimeno Blay, Francisco M. Fuentes Históricas Aragonesas nº 63. Institución «Fernando el Católico» (CSIC). Diputación de Zaragoza, 2012.

****

- Aparisi Romero, F; Royo Pérez, V. *Pequeña nobleza y guerra en el Reino de Valencia durante la Baja Edad Media. Actitudes y comportamientos en el servicio militar.* Revista Medievalismo, nº 20, 2010.

-Cantera Montenegro, Enrique. "El Compromiso de Caspe", en Álvarez Palenzuela, Vicente Ángel (Coord). *Historia de España de la Edad Media,* pags. 707-725. Editorial Ariel, Barcelona, 2011.

-Casaus Ballester, María José. "Un reflejo de las consecuencias del Compromiso de Caspe de 1412 en el Archivo Real de Aragón y en el Ducal de la Casa de Hijar en los siglos XV y XIX respectivamente". *Boletín Millares Carlo* nº 30, 2014; pags. 194-221. Centro asociado UNED Las Palmas.

-De la Torre Gonzalo, Sandra. *"Por hacer paz y justicia*: la traición como arma política durante el *Interregno* en el reino de Aragón (1410-1412)". Revista *e-Spania*. URL: http://e-spania.revues.org/22001; DOI: 10.4000/

-Donado Vara, J. Echevarría Arsuaga, A. Barquero Goñi, C. *La Edad Media: siglos XIII-XV*. Editorial Areces, Madrid, 2009.

-Falcón Pérez, Isabel (Coord). *Compromiso de Caspe (1412), cambios dinásticos y Constitucionalismo en la Corona de Aragón*. Edita: Obra Social de Ibercaja. Zaragoza, 2013.

-Gerbet, Marie Claude. *Las noblezas españolas en la Edad Media. Siglos XI-XV*. Alianza Editorial, Madrid, 1997.

-Hinojosa Montalvo, José. "La expansión mediterránea de la Corona de Aragón", en *Historia de España de la Edad Media*. Álvarez Palenzuela, Vicente Ángel (Coord). Editorial Ariel,

Barcelona, 2011.

-Ledesma Rubio, M.L. *El patrimonio real en Aragón a fines del siglo XIV: Los dominios y las rentas de Violante de Bar.* Universidad de Zaragoza: Departamento de Historia Medieval, Ciencias y Técnicas Historiográficas y Estudios Árabes e Islámicos, 1979.

-Martín, José Luis. "Fernando de Antequera y el Compromiso de Caspe. ¿Una incorporación a España?" *Revista Espacio, tiempo y Forma*, Serie III, Historia Medieval, t. 13, 2000, UNED, pags. 161-176.

-Monsalvo Antón, José María. *Atlas Histórico de la España Medieval*. Editorial Síntesis S.A. Madrid, 2010

-Santamaría Arández, Álvaro. *Historia de una marginación. La participación del Reino de Mallorca en el Interregno de la Corona de Aragón*. Institut d´Estudis Baleàrics. Palma de Mallorca, 2003.

-Sarasa Sánchez, Esteban. "Aragón y el Compromiso de Caspe (1410-1412)". *Rolde, Revista de Cultura Aragonesa*, n° 143-144, años 2012-2013, pp. 60-67.

-Sarasa Sánchez, Esteban. "La Alta Nobleza laica aragonesa en torno a los Trastámara (siglo XV)". Trabajo incluido en *El Condado de Aranda y la nobleza española en el Antiguo Régimen*. Institución Fernando el Católico (CSIC), Diputación de Zaragoza, 2009.

-Sarasa Sánchez, Esteban. *El Compromiso de Caspe en su sexto centenario. Una revisión bibliográfica*. Departamento de Historia Medieval de la Universidad de Zaragoza, Índice Histórico Español 125, 2012, pag. 195-216.

-Sesma Muñoz, Ángel (Coord.). *La Corona de Aragón en el centro de su historia (1208-1458). La Monarquía aragonesa y los reinos de la Corona*. Gobierno de Aragón, Departamento de Educación, Universidad, Cultura y Deporte. Colección Actas 74. Zaragoza, 2009.

-Sesma Muñoz, Ángel (Coord.). *La Corona de Aragón en el centro de su historia (1410-1412). El Interregno y el Compromiso de Caspe*. Gobierno de Aragón, Departamento de Educación, Universidad, Cultura y Deporte. Colección Actas 75. Zaragoza, 2011.

-Sesma Muñoz, Ángel. "La fractura en la sociedad política catalana en vísperas del Compromiso de Caspe". *Anuario de Estudios Medievales*, nº 29, 1999.
http://estudiosmedievales.revistas.csic.es, pags. 1043-1066.

-Valla, Lorenzo. *Historia de Fernando de Aragón*. Edición de Santiago López Moreda, Ediciones Akal S.A., Madrid, 2002.

-Vendrell Gallostra, Francisca. *Violante de Bar y el Compromiso de Caspe*. Real Academia de Buenas Letras (Barcelona). Delfos I.G., Esplugues (Barcelona), 1992.

-Zurita, Jerónimo. *Anales de la Corona de Aragón*. Edición

electrónica de José Javier Iso (Coord). Institución Fernando el Católico (Zaragoza). http://ifc.dpz.es. Volumen V (libros XI al XIII).